한국
불교문화재

최 경 숙 지음

부산외국어대학교 출판부

한국불교문화재

2012년 2월 28일 초판 발행

저　자/ 최 경 숙
발행인/ 정 해 린
발행처/ 부산외국어대학교 출판부
등　록/ 제 카7-53호 (1988. 9. 1.)
주　소/ 608-738 부산광역시 남구 석포로 15
전　화/ 051) 640-3439, 3440　팩스/ 051) 640-3580
인터넷/ http://press.pufs.ac.kr

편　집/ 주간 · 서상범, 디자인 · 정순식
인쇄처/ 세종문화사 (051) 463-5898
공급처/ 한국출판협동조합 (02) 716-5616~9

ISBN 978-89-8312-357-2　03900

값 14,000 원

* 이 도서는 부산외국어대학교의 연구활동을 진작시키고
출판물의 저작 · 보급을 촉진하기 위해 도서개발 연구비가 지원된 도서입니다.

머리글

우리나라 국보와 보물의 절반 이상이 불교문화재이다. 그런 만큼 어느 곳을 가든지 불교문화유적과 쉽게 만나게 된다. 불교가 고구려 소수림왕(372년) 때 전래되어 지금까지 명맥을 이어오고 있으니 종교를 믿고 안 믿고 여부를 떠나서 우리 역사와 문화를 제대로 이해하기 위해서는 불교문화에 대한 이해가 필요하다고 생각한다.

대학시절 첫 답사지가 장흥 보림사였다. 귀부를 보고 있는 데 교수님께서 "거북의 발모양을 자세히 보라" 하셔서 머릿속에 새겨는 두었지만 왜 그러시는지 이유는 몰랐다. '거북의 발을 보라'는 말씀이 각인되어 그 후에도 거북(비희)를 보면 발부터 먼저 보게 되었고 똑 같을 것이라고 생각했던 거북의 발모양이 시대에 따라 다르게 표현된다는 것을 알게 되었다. 더 나아가 그게 그것처럼 보였던 절, 불상, 탑들의 다른 모습들을 조금씩 깨닫게 되었다. 그 후 답사와 여행을 통해서 눈으로 보고 용어를 익히면서 하나하나 알아가면서 재미가 점점 더 생겼다. 그러나 혼자서 이 책 저책 뒤지며 용어를 익히고 이해하는 과정이 쉽지만은 않았다. 지금과 달리 교육과정에서 우리 문화재에 대한 교육이 전혀 없었기도 하지만 용어 자체가 너무 어려웠기 때문이다.

대학에서 강의를 맡으면서 불교철학과 불교미술 연구자들의 전문적인 서적의 도움을 많이 받았고, 가르치면서 배운다는 말을 실감하였다. 요즘은 우리 문화와 문화유산에 대한 관심이 높아졌고 교과서도 문화부분에 대한 비중이 증가하였지만 '무엇이 있다'는 정도는 안다고 해도 그것이 지닌 의미와 가치에 대한 이해와 인식은 부족한 것 같다.

강의하면서 우리 학생들이 최소한 이것만은 익히고 이해하였으면 하는 내용들을 모으고 필요한 사진들을 정리하면서 책을 쓰려고 마음 먹었다. 좀 더 쉽게 우리문화재를 접하고 이해할 수 있었으면 하는 바람이지만 내 능력으로 더 쉬운 글은 되지 않아 걱정이 된다.

이 책은 전문 서적은 아니다. 절이나 문화유산에 관심있는 사람들이 기본적으로 알아두면 유익하다고 생각되는 정도이다. 부족한 점이 많지만 이 책이 우리 불교문화재를 이해할 수 있는 안목을 기르는데 또는 일반적 관심에 조금이라도 도움이 되었으면 바란다.

끝으로 불교철학과 불교문화재에 전문적인 지식을 갖고 저술한 많은 책들이 있음에도 불구하고 미흡한 내용들을 자료로 엮어 교재로 출간할 수 있도록 지원을 하여준 부산외국어대학교 출판부에 고마움을 전한다.

2012년 2월

일러두기

1. 불상과 탑의 명칭은 공식 문화재 지정 명칭을 사용하였다.
2. 가람배치도는 『한국의 불교미술』(홍윤식, 대원정사)의 한국의 고대 가람배치에 있는 도판을 인용하여 사용하였다. 도판에 일일이 인용을 명기하여야 하나 편집의 이유로 명기하지 못하였음으로 양해를 바랍니다.
3. 불상세부명칭, 탑, 부도, 석종의 세부명칭도판은 『한국의 불교미술』(홍윤식, 대원정사) 부록의 도판을 인용하였다.
4. 수인과 지붕양식 도판은 『문화유산답사기』에 인용된 도판을 재인용하였다.
5. 사진은 직접 촬영한 것을 사용하였다.

| 목차 |

머리글 / 3
일려두기 / 5

1부 불교에 대한 이해

Ⅰ. 불교의 발생과 전파 ······ 13
1. 불교란? ······ 13
2. 인도 불교의 변화 ······ 15
3. 불교의 중국전래 ······ 20

Ⅱ. 한국 불교에 대한 이해 ······ 22
1. 불교의 전래와 수용 ······ 24
1) 삼국시대 불교의 전래와 수용 ······ 24
2) 삼국시대 불교 수용의 특징 ······ 30
3) 불교수용에 따른 변화 ······ 31
2. 통일신라시대의 불교 ······ 35
1) 통일신라 전기의 불교 ······ 35
2) 통일신라 후기(하대)의 불교 ······ 36
3. 고려시대의 불교 ······ 41
1) 고려 전기 불교계의 재편 ······ 41
2) 불교개혁운동(신앙결사운동) ······ 45
3) 고려 말의 불교계 동향 ······ 48

4. 조선시대의 불교 ······ 50
1) 조선 전기 불사 폐지와 종단의 통·폐합 ······ 50
2) 조선후기 배불(排佛)과 불교계의 흐름 ······ 53
5. 근대불교 ······ 55

2부 불교문화재

Ⅰ. 가람의 형성과 변천 ······ 59
1. 가람의 기원 ······ 59
1) 절이란 이름은 어떻게 생겼나 ······ 59
2) 절이 산으로 간 까닭은? ······ 62
3) 가람이 지닌 상징성 ······ 64
2. 한국의 가람배치 ······ 67
1) 삼국시대의 가람배치 ······ 67
2) 통일신라시대의 가람배치 ······ 70
3) 고려시대의 가람배치 ······ 71
4) 조선시대의 가람배치 ······ 71
3. 가람건축의 구성요소 ······ 73
1) 가람구조 ······ 73
2) 가람건축의 구성요소 ······ 75
4. 가람건축양식 ······ 89
1) 지붕양식 ······ 89
2) 공포양식 ······ 91

3) 기둥양식 ······ 93
4) 기단양식 ······ 94
5) 초석(주춧돌)양식 ······ 95

Ⅱ. 불상 ······ 96
1. 불상(佛像)의 기원 ······ 96
1) 불상의 기원 ······ 96
2) 불상 조각의 기준 : 32길상 80종호 ······ 98
3) 불상의 기본 명칭 ······ 101
4) 불상의 손모양(수인) ······ 109
2. 불상의 종류와 구분 ······ 113
1) 여래상 ······ 113
2) 보살상 ······ 120
3) 신중(神衆)상 ······ 128
3. 한국불상의 특징 ······ 135
1) 삼국시대의 불상양식 ······ 136
2) 통일신라시대의 불상 양식 ······ 139
3) 고려시대의 불상 양식 ······ 144
4) 조선시대의 불상 양식 ······ 147

Ⅲ. 한국의 탑 ······ 149
1. 탑의 기원 ······ 151
1) 탑의 의미 = 부처의 무덤에서 유래 ······ 151
2) 탑의 기원 ······ 151

3) 탑의 종류 …… 153
2. 탑의 부분별 이름 …… 157
3. 석탑의 시대별 특징 …… 162
1) 삼국시대 : 석탑의 발생과 시원 양식 …… 162
2) 통일신라시대 석탑의 양식 …… 165
3) 고려와 조선시대의 석탑 …… 180

Ⅳ. 기타 …… 186
1. 부도(浮屠) …… 186
2. 석등 …… 193
3. 범종 …… 197

참고문헌 …… 203
찾아보기 …… 206

1부

불교에 대한 이해

Ⅰ. 불교의 발생과 전파

1. 불교란?

불교란? 말 그대로 부처의 가르침이다. 부처란 불타(佛陀:Buddha) 즉, '깨달은 사람'을 말하는데 역사상의 부처는 석가모니 뿐이다. 그러므로 석가모니를 교조(教祖)로 그의 가르침에 따라 수행을 통해 깨달음을 얻고자 하는 종교라고 할 수 있다.

불교의 창시자인 석가모니*는 지금부터 약 2,600년 전, 인도의 북부지역에 위치한 카필라(Kapila)국 사카(Sakya:釋迦)족의 정반왕과 왕비 마야부인 사이에서 태어나고 성은 고타마(Gotama:최상의 소), 이름은 싯달타(Siddartha)이다. 고타마 싯달타가 출가 수행하여 깨달음을 얻어 부처가 되자 사람들은 그를 석가모니(Sakyamuni) 즉 석가족 출신의 성자라고 불렀다.

석가모니가 29세에 출가하여 택한 수행방법은 당시 크게 유행하고 있던 선정(禪定)과 고행(苦行)이었다. 6년의 고행 끝에 부다가야

---

* 석가모니의 출생과 사망시기는 확실하지 않다. 일반적으로 기원전 563년에 태어나 기원전 483년에 사망한 것으로 추정하고 있다. 1956년 11월 카트만두에서 열린 제4차 세계불교도 대회에서 석가모니의 생존시기를 기원전 624년~기원전 544년으로 공식 채택하였다. 그러나 나라마다 탄생년도 뿐만 아니라 탄생일과 열반일도 달리 표현되고 있다.

(Buddhagaya)의 보리수 아래에서 마침내 완전한 깨달음을 얻었다. 석가모니가 깨달은 진리를 법(法)이라 하며, 그는 이 법을 펴기 위해 베나레스(Benares)의 녹야원으로 가서 그곳에 있던 다섯 수행자에게 최초의 설법을 하고(초전법륜), 그들을 제자로 삼았다. 이로써 불교는 교조·교리·교단을 갖춘 하나의 종교가 되었다.

불교의 내용은 교조인 석가모니가 35세에 보리수 아래에서 달마(達磨, dharma : 진리)를 깨침으로써 부처가 된 뒤, 80세에 입적할 때까지 거의 반세기 동안 여러 지방을 다니면서 여러 계층의 사람들을 교화할 목적으로 말한 교설로 이루어져 있다. 석가모니의 가르침은 누구나 깨달음을 통해 부처가 될 수가 있다는 것이다. 석가모니는 모든 중생들에게 부처가 될 수 있는 소질과 성품(불성)이 있으므로 올바로 수행·실천하여 깨달으면 바로 부처가 된다고 설파하였고, 그 모범을 보였다. 깨달음을 통해 윤회와 번뇌의 속박에서 벗어나는 길을 몸소 실현하고, 또 그를 이룰 수 있는 방법을 가르쳤던 석가모니는 이후 모든 수행자의 스승이자 모델인 셈이다.

이러한 부처의 가르침을 법이라고 하므로 불교를 불법이라고도 하고, 부처가 되는 길이라는 뜻에서 불도라고 부르기도 한다.

2. 인도 불교의 변화

불교는 오랜 세월을 거치면서 원시불교・부파불교(部派佛教)・대승불교 등으로 다양하게 발전하여 왔고, 경전도 여러 가지가 새롭게 편찬되어 왔다.

석가모니가 열반에 든 후(기원전 543년) 승단은 마하가섭 등이 중심이 되어 석가모니가 제정한 율(律)과 교법을 유지하게 되었다. 이 때 제자들은 불교의 교법을 정리하는 작업을 착수하게 되었다. 왕사성(王舍城)에 500명의 비구들이 모여 석가모니가 듣는 사람의 능력을 맞추어 설법한 것을 일목요연하게 정리하였는데, 이것을 '제1결집' 이라 한다. 석가모니의 말씀은 경장이요, 그 실행은 율장이며, 이에 대한 해설·논의는 논장이 되어 이른바 삼장(三藏 : 세 바구니)이 성립된 것이라 하겠다. 1차 결집 때 모인 500명이 부처의 제자 500 나한의 근거가 된다.

그 뒤 불교는 마가다국을 근거지로 삼고 각지로 전파되어 갔다. 기원전 317년경 찬드라굽타(Chandragupta)에 의하여 인도 최대의 통일국가인 마우리아왕조가 성립되고, 이 왕조 제3대 왕 아소카(Asoka, 阿育)가 즉위한 뒤 불교는 비약적으로 팽창하여 카슈미르・간다라지방을 비롯한 인도의 각 지역과 박트리아의 그리스 식민지역, 스리랑카・버마 등 국외에까지 전파되었다. 아소카왕은 열렬한 불교신도로서 불교발전에 많은 공헌을 한 왕이다.

〈알아보기〉

인도와 중국 내지 한국에 걸쳐, 이 삼장을 꿰뚫어 가장 훌륭한 불타의 생애, 즉 일대 전기로 완성한 것이 바로 '불타전기(佛陀傳記)'이다.

석가의 전생이야기를 본생담이라 하며, 석가의 금생이야기에 관한 그림이나 조각을 불전도라 한다. 즉 석가모니의 탄생에서부터 열반에 들기까지의 이야기를 그린 그림이나 조각을 말한다.

이를 가장 효율적으로 구성한 것이 곧 '팔상(八相)'이다. 이것이 문학 형태로 표현된 것이 『월인석보(月印釋譜)』다. 이 팔상은 확대되면 팔만 대장경으로 통하지만, 요체만 잡으면 한자어 8귀로 족하다. '도솔래의(兜率來儀)', '비람강생(毘藍降生)', '사문유관(四門遊觀)', '유성출가(逾城出家)', '설산수도(雪山修道)', '수하항마(樹下降魔)', '녹원전법(鹿苑傳法)', '쌍림열반(雙林涅槃)' 등이 바로 그것이다. 주로 절의 영산전, 팔상전에 8장의 그림으로 표현되어 있다.

탄생

곽시쌍부

부파불교 :

석가의 열반 후 100년경, 계율의 해석 차이로 인해 전통적 보수파와 진보적 자유파가 대립되어 두 개의 부파를 낳았다. 전자를 상좌부(上座部 : 장로를 중심으로 한 지도층)라 하고 후자를 대중부(大衆部 : 젊은 승려를 중심으로 한 일반층)라 한다.

상좌부는 윤회로부터 해탈하는 길은 출가자의 수행을 통해서만 가능하다고 주장하였고, 그 목표는 최고성자인 아라한(阿羅漢)의 경지에 이르는 것에 두었다. 이들에 의하면 석가모니도 아라한에 이른 성자의 한 사람이다. 그러나 대중부에서는 중생도 본질적으로는 부처가 될 수 있는 불성(佛性)을 지니고 있다고 하여, 중생과 부처가 동일한 것이라 주장하였다.

한편 불교는 점차 율과 경에 대한 훈고학적인 주석학을 중심으로 하는 불교, 승원(僧院) 중심, 출가 중심의 학문불교로 변화하여 대중성을 잃어갔다. 이러한 경향에 대립해 불교 본래의 모습으로 복귀하려는 운동이 대중부 및 재가의 불교도가 주동이 되어 일어났는데, 이것을 대승불교운동이라고 한다.

대승불교 :

기원전 1세기무렵, 대승불교가 나타나면서 이전의 상좌부를 중심으로 한 불교를 통칭하여 소승불교라 불렀다. 이때부터 오늘날까지 불교의 성격을 규정하는 2대유파가 성립된 것이다. 소승불교는 스리랑카를 비롯한 남방제국으로 퍼져서 태국 · 미안마 · 캄보디아 · 라오스 등지에 남방불교 문화권을 형성하였다.

소승에 대한 대립적 자세를 취하며 일어난 대승불교는 자기해탈도 추구하지만 대중구원 · 사회구원을 우선시하였다. 따라서 소승의 최고성자 아라한 대신에 보살(菩薩)이라는 새로운 이상적 인간상을 제시하였다. 또 이미 열반에 들어간 역사적 부처 대신에 미래의 초월적 불신관(佛身觀)을 내세웠다. 이와 같은 사상이 조직적으로 종합되면서 새로운 대승경전이 만들어졌다.

1세기 후반에 쿠샨왕조에 이르면 불교는 또 한 차례 흥왕기를 맞게 된다. 인도 불교는 대승불교 중심으로 발전을 해나갔다. 이 시기부터 이곳의 승려들이 중국으로 건너가 불전 번역에 종사하였다. 자연히 중국에 전래된 불교는 대승불교의 특징을 지니게 된다.

밀교의 대두 :

7세기 중엽에서 말엽에 이르는 시기에는 밀교라는 새로운 불교의 대두를 보게 된다. 밀교는 대승경전의 사상과 인도의 전통적인 주술 및 명주, 즉 주문에 의한 신앙이 결합되어 체계화된 교리이다.

이 운동을 일으킨 사람은 인드라부티(Indrabhuti)였다. 그의 아들 연화생(蓮華生)에 의해 밀교를 중심으로 한 대승불교가 티베트에 전파되었다. 티베트로 들어간 밀교는 머지않아 라마교로 발전하게 되었고, 그것은 티베트 고유의 종교로 정착하게 된다.

8세기 중엽부터 인도에서 불교는 거의 힌두교나 다를 것이 없는 상태로 변질되어 버렸다. 불교는 오히려 중국 · 한국 · 일본에서 흥왕을 보았다. 이와 같이 인도에서 불교가 쇠퇴한 것은 불교 자체가 내적으로 변화를 일으켜 미륵불 · 관음보살 · 대일여래 같은 불보살들이 힌두교의 여러 신들과 거의 같은 성격과 기능을 가지게 된 점에 있다고 한다.

또한 10세기 말에, 아프가니스탄지방에 있던 터키계의 가즈니왕조의 침략으로 시작된 이슬람교도의 침략과 파괴, 특히 1203년 비쿠라마실라사원의 파괴와 더불어 불교는 인도 본토에서 거의 자취를 감추게 되었다.

〈알아보기〉

원시 불교의 중심 교리는 석가모니의 깨달음의 내용을 쉽게 풀이하여 깨달음에 이르는 길을 제시하였다. 그것이 중도(中道)·십이연기(十二緣起)·사제(四諦)·팔정도(八正道)이다.

- 중도 : 고행과 해락의 극단을 피한다는 의미
- 삼법인(三法印) : 모든 현상은 항상 하는 것이 없다는 제행무상, 나라는 존재는 인연에 의해 일시 모인 것이라는 제법무아, 생사의 세계를 벗어나 피안의 세계에 도달한다는 열반적정을 말한다.
- 팔정도: 중도의 구체적인 실천항목인 여덟 가지 올바른 길. 바른 견해(正見), 바른 생각(正思惟), 바른 말(正言), 바른 행위(正業), 바른 생활(正命), 바른 노력(正精進), 바른 신념(正念), 바른 명상(正定)
- 사성제 : 팔정도의 이론적·교리적 근거인 네가지 성스러운 진리, '고집멸도(苦集滅道)'를 말한다. 네 가지 진리는 사는 것은 괴로운 것이요, 괴로움은 애착에서 오는 것이고, 괴로움과 애착을 버리는 것이 해탈로 향하는 것이라는 뜻이다.
- 육바라밀(六婆羅密) : 피안에 다다르는 여섯방편이다. 다른 사람에게 베푸는 보시, 계율을 지키는 지계, 수모나 박해를 견디는 인욕, 착한 법을 발전시키는 정진, 마음의 평정을 유지하는 선정, 진리를 밝게 아는 지혜를 말한다.
- 삼학: 불교의 실천요목인 계(戒)·정(定)·혜(彗)이다. 계는 수행자가 날마다 실천하여야 할 생활규범인 계율이다. 계율을 바탕으로 한 종교적 수련, 즉 선정에 의하여 이르는 최고의 경지가 지혜이다. 이 같은 지혜를 불교는 반야지(般若智)라고 하는데 곧 해탈이다. 불교에서는 각(覺)이나 오(悟)의 동의어로 사용하는 경우가 많다.
- 불교의 근본 5계; 살생하지 마라, 훔치지 말라, 음란하지 말라, 거짓말하지 말라, 술 마시지 말라.

3. 불교의 중국전래

중국 ; 왕즉불 사상, 승정기구 설치(정치가 종교를 압도)
도교나 유교사상으로 불교를 이해

중국사회는 불교가 유입되기 이전에 강력한 중앙집권국가로 왕은 하늘의 아들(天子)로서 중국사회를 일원적으로 강력히 지배하였다. 또한 불교가 성립되던 시기의 인도와는 달리 전통적 농업중심의 사회였으며, 사회는 가부장적 질서로 견고히 짜여 있었다.

중국에 불교가 전개된 것은 기원전 1세기 후한 때로 본다. 그러나 중국에는 이미 중국의 정치·사회를 움직여 온 유학·도교 사상이 발달해 있었기 때문에 불교가 교세를 떨치기에는 많은 시일이 걸렸다. 또 기존의 사상에 대처하기 위해 불교가 중국적인 변화를 거치게 되었다. 유학의 근본 도리인 충과 효에 맞서는 『부모은중경』, 도가의 불로장생 사상에 대응하는 『열반경』 등이 그 예이다.

중국에서 불교가 교세를 떨치는 시기는 '오호(五胡) 16국 시대'로 불리는 이민족의 지배기이다. 이들이 중국의 전통적인 유학에 대항하여 왕권을 옹호하는 새로운 이데올로기로 불교를 적극 받아들이고 '왕즉불' 사상을 내세운 것으로 본다. 그러므로 인도에서 정치와 종교의 분리라는 원칙이 중국에서는 종교가 정치에 종속되는 양상으로 바뀌게 되었다.

우선 불교교단과 왕권과의 관계를 보면, 북조에서는 왕권에 일방적으로 압도되고 말았다. 4세기 후반 당시 불교 교단을 이끌던 승려들은 '왕즉불' 사상을 주장하였다. 그 대표적인 예로 460년경에 만들어진 운강석굴인데 석굴의 불상은 북위 왕실의 다섯 임금을 모델로 한 것이었다.

같은 시기 남조에서는 승려들이 세속권력에 대한 불교교단의 주체성을 강력히 설파하고 왕권에 대해 불교교단의 주체성을 지키려 노력하였다. 따라서 남조의 왕들은 부처 대신 보살로 존경을 받는데 그쳤다. 그러나 세속권력은 위력을 발휘하여 불교탄압을 하였고, 불교계는 교단의 성쇠가 황제의 자비여하에 달렸음을 인정하지 않을 수 없었다.

통일 왕조인 수와 당이 출현하면서 불교 교단은 국왕을 정점으로 한 중앙집권적 왕조체제에 살아남고자 출가집단의 치외법권을 포기하였다. 그리고 국왕에 대하여 '신 아무개'를 자처하기에 이르렀다. 국왕은 일반 관료기구를 모방한 승정기구(僧政機構)를 설치하여 교단에 대한 인사권과 경제권을 행사함으로써 세속사회는 물론 불교교단에 대하여 강력하게 일원적인 통치를 할 수 있게 되었다.

Ⅱ. 한국 불교에 대한 이해

한국에 불교가 전래된 4세기경은 삼국이 고대국가로 한창 발전하고 있던 때였다. 당시 사회는 왕을 정점으로 하는 새로운 정치제도와 사회질서를 편성하던 시기였다. 그러므로 씨족사회에 성립된 무격신앙이나 조상숭배 사상만으로는 새로운 고대국가의 사회생활을 이끌어 가기 어려웠다. 이러한 때에 전래된 불교는 고등종교이자 철학이었다. 초부족적 국가정신과 새로운 사회윤리관의 확립에 기여하여 고대국가의 정신적 기반을 마련하여 주었다. 불교를 받아들임으로써 안으로는 각 부족국가나 정복한 국가들을 포섭하고, 밖으로는 국제문화와 교류를 하여 국제불교로서의 성격을 가지게 되었다. 그리고 불교라는 단순한 종교의 범주를 넘어서서 음악, 미술, 공예, 건축, 의학 등의 문화를 전달하였고, 중국문화 뿐만 아니라 인도, 중앙아시아 문화까지 소개해 줌으로써 한국의 고대문화를 성립시키는데 절대적인 공헌을 하였다.

신라가 삼국통일을 이루면서 각기 개성있게 발전하던 삼국의 불교를 종합하고, 불교철학 뿐만 아니라 불교문화를 꽃 피웠다. 그리고 나말여초에는 인간의 실존을 문제 삼는 선종을 통하여 관념화된 교종중심의 불교에 도전함으로써 고대적 사유방식을 극복해 나갔다.

고려시대에 들어와서는 난립된 불교교단의 통합, 선종과 교종의 통합에 노력하였다. 선·교 통합의 사상체계를 성립시킴으로서 불교의 자기화를 이루고 한국불교의 특성을 지니게 되었다. 고려시대에는 이 위에 도교신앙이나 풍수도참설과 결부되기도 하였다. 하층의 일반 대중들의 불교신앙은 무속신앙과 습합되어 현세이익적인 기복불교로서의 성격을 지녔다.

조선시대에 실시된 불교 억압정책에 따라 불교계는 교종과 선종, 종파 간의 구분도 없는 통불교적인 성향을 지니게 되었다.

불교가 공인된 이후 고려시대까지 불교는 사실상 우리나라의 국교였다. 그러므로 불교는 삼국시대부터 우리나라의 정치, 사회, 문화, 사상 전반에 걸쳐 막대한 영향을 끼쳤다. 따라서 불교의 수용과 발전을 이해하는 것은 우리나라 고대와 중세사회의 역사와 문화를 이해하는데 필수적인 조건이라 할 수 있다.

이러한 한국불교의 특징을 간추려 보면, 불교의 수용 초기부터 대승불교를 수용·발전하였다. 그리고 수용 초기부터 호국불교적인 성격을 지니고 있다. 신라 원효의 화쟁사상, 고려시대 교종과 선종의 대립을 극복할 수 있는 교선일치(敎禪一致)의 철학을 수립한 예나 교종과 선종의 통합을 지향(천태종, 조계종의 성립) 한 점에서 나타나듯 종합 불교의 성격을 지니고 있다. 이러한 경향은 조선시대의 불교억압책으로 천태종과 조계종의 구분마저 없어지면서 더욱 강해졌다.

그리고 우리나라 불교는 중국불교, 인도불교, 원의 라마교 그리고 샤머니즘적 요소(산신각, 칠성각)와 풍수사상이 결합된 복잡성을 지니고 있다.

1. 불교의 전래와 수용

1) 삼국시대 불교의 전래와 수용

삼국 가운데에서 제일 먼저 불교를 받아들인 것은 고구려이다. 372년(소수림왕 2) 여름인 6월, 전진의 왕 부견(符堅)이 순도를 시켜 불상과 불경을 고구려에 전한 것이 그 시초이다. 동진의 승려 아도가 고구려에 오자 왕은 그 이듬해 봄에 성문사와 이불란사를 세우고 순도와 아도를 각각 그 절에 머물도록 하였다. 이 두 절은 우리나라에 세워진 최초의 절이다.

소수림왕때는 율령을 반포하고 중앙집권체제를 정비하는 데 노력을 기울였던 시기였다. 삼국 중에서 고구려가 불교를 가장 먼저 받아들여 새로운 관념형태를 형성함으로써, 삼국 중 가장 먼저 중앙집권적 고대국가 형성의 기틀을 잡게 된 것은 획기적인 일이었다. 이 후 고국양왕은(391년) '불교를 믿어 복을 얻으라'는 영을 내려서 불교를 더욱 장려하였다. 광개토대왕(392년) 때는 평양에 9개의 절을 창건하였다.

그러나 이러한 고구려의 불교도 27대 영류왕 때에 들어온 도교의 득세로 말미암아 점차 빛을 잃고 말았다. 보장왕 때에 연개소문은 사찰을 몰수하여 도관으로 삼고 도교를 우대하는 등 불교를 박해하였다(643년,보장왕 2). 이 갑작스러운 변동에 승려들 중에는 견디다 못해 외국으로 망명하는 이가 적지 않았다. 그 대표적인 예로 백제땅인 완산주로 옮겨간 보덕을 들 수 있다.

백제는 고구려보다 12년 뒤인 384년(침류왕 1)에 불교가 전래되었다. 인도의 고승 마라난타가 동진(東晋)으로부터 들어오자 왕은 그를

궁 안에 머물도록 하였고, 그 이듬해 10명의 백제인을 출가시켜 승려로 만들었다. 그러나 그 뒤 160여 년이 경과한 성왕 때까지는 불교관계 기사가 전혀 보이지 않다가, 526년(성왕 4)에 인도로부터 귀국한 겸익을 맞이함으로써 크게 발전을 보았다. 겸익은 백제불교가 계율주의적 경향을 띠게 하는 데 큰 영향력을 행사하게 되었다.

552년(성왕 30)에는 불교를 일본에 전하였는데 그 뒤 많은 승려들이 일본으로 건너가서 불교포교 및 예술의 발달에 많은 공헌을 하였다. 특히 백제의 승려들은 일본의 불교를 중흥하는 주춧돌 구실을 하였다. 그 후 무왕 때에는 익산에 미륵사를 창건하였다. 여기에 세워진 미륵사의 석탑은 우리나라 석탑의 시초를 이루게 된다.

고구려와 백제는 외교관계를 가지고 있던 전진과 동진으로부터 불교를 받아들였다. 그리고 갈등이나 마찰없이 왕실을 중심으로 적극적으로 수용되었다.

그러나 신라의 불교 수용은 순탄하지 않았다. 신라에 불교가 전해진 것은 눌지마립간(재위 417～458년)때이다. 고구려로부터 묵호자가 신라의 서북경지방인 일선군(선산)에 들어와 모례의 집에 기숙하면서 불법을 전하였으며, 모례는 신라인으로서 최초의 신도가 되었다. 그 뒤 소지마립간 때에 고구려에서 아도가 들어와서 불법을 전도한 뒤로는 신봉하는 자가 늘어났다. 이러한 불교전래는 공식적인 경로로 온 것은 아니었다. 불교의 공인은 법흥왕(재위 514～540년) 때 이차돈의 순교를 계기로 이루어진다.

법흥왕대에 이르면 왕권강화와 더불어 중앙집권체제를 확립하게 된다. 귀족들의 씨족적 기반을 억누르고 중앙집권적 국가를 확립하고자 했던 왕실파들은 법흥왕 중심으로 불교를 새 지배체제 구축을 위한 정신적 지주로 삼아서 왕법과 불법을 동일시하고 부처의 위력을 왕의 위력으로 대치하여 강력한 왕권을 확립하고자 하였다. 520년(법흥왕 7)에 율령을 반포하여 국가조직에 관한 정비를 일단락 지은 법흥왕은 불교를 받아들이고 수도 안에 있는 천경림을 베어 절을 세우고자 하였으나 귀족들의 강한 반대에 부딪혔다. 이에 법흥왕은 이차돈에게 책임을 물어 처형했다. 527년에 이차돈(異次頓)의 순교를 계기로 불교반대 세력들을 제압하고 불교공인을 선포하였으며, 529년에는 영을 내려 살생을 금하도록 하였다.

이차돈 순교비

이차돈이 순교한 지 7년 뒤에는 그가 절을 만들고자 했던 천경림에 신라 최초의 절인 흥륜사(興輪寺)를 창건하였고, 법흥왕은 왕위를 진흥왕에게 물려주고 스스로 승려가 되어 법공이라고 불렀다. 신라의 불교는 법흥왕에 의해서 크게 발전하는 길이 개척되었으나, 불교를 진흥시켜 불교국가로 손색없는 기반을 닦아놓은 것은 진흥왕이다.

진흥왕(재위 540~576)은 최초로 불교의 제반 업무를 담당하는 행정기구인 승정기구를 설치(550년)하고, 신라로 귀화한 고구려 승려 혜량을 승통(僧統)으로 삼았다. 황룡사와 장륙불상을 조성(574년)하고 팔관지법과 인왕백고좌회를 열어 신라 최초의 불교 호국도량을 개설하였다. 이 밖에도 진흥왕의 불교진흥책에 있어서 빠뜨릴 수 없는 것은 국선과 화랑도의 창설이다. 이는 진흥왕이 불교의 미륵사상과 이상국가사상인 전륜성왕사상 등을 중심으로 해서 만든 것이다. 화랑도의 불교적인 면을 뒷받침하는 많은 사료 중에서 미륵선화와 화랑 김유신의 용화향도 및 진흥왕의 아들 동륜·금륜의 이름 등은 대표적인 예증이다. 진흥, 진지왕의 뒤를 이은 진평왕(재위 579~632)은 왕실의 이름을 석가모니의 집안 이름과 함께 함으로서 신라왕실과 부처를 일치시키고 있다.

이처럼 법흥왕에서 진덕왕에 이르는 시기 신라왕들은 불교를 통하여 왕권을 강화하려는 목적에서 국왕을 부처와 동일시하거나, 아니면 홍법의 전륜성왕으로 보려는 진종설화(眞種說話)를 성립시켰다. 이러한 것은 왕즉불 사상의 표시로서 부족의 전통과 설화를 포기한 것이 아니라, 불교설화를 끌어다가 부족설화를 연장시키고 강화시킨 것이었다. 다시 말하면 지배체제의 유지에 불교를 이용한 것이다.

그리고 신라를 부처와 인연이 있는 땅으로 불국토사상을 퍼트렸다. 신라불교는 진골 출신의 승려들이 주도하였다. 따라서 당시 승려는 종교적 역할 못지 않게 세속적인 역할도 수행할 수밖에 없었다. 그래서 당시 승려들은 종교와 정치 양자를 합리적으로 조화시키려고 노력하였는데, 그 대표적인 예가 원광의 세속오계와 걸사표이다. 이러한 불교와 국가의 조화(불교의 국가적 적응성)는 신라불교의 특색이자 한국불교의 특색이기도 하다.

〈알아보기〉

· 전륜성왕 : 인도신화에서 통치의 수레바퀴를 굴러 통일적으로 지배한다는 이상적인 제왕으로 무력이 아닌 정법에 의해 세계를 지배하여 금·은·동·철륜왕의 네 왕이 차례로 나타난다고 한다. 신라 진흥왕의 경우 아들들의 이름을 금륜·동륜으로 하여 스스로 전륜성왕임을 내세우고 있다.

· 찰리종 : 크샤트리아계층, 왕족이란 뜻. 진평왕은 자기이름을 백정, 왕비를 마야부인이라 하였다. 이것은 석가모니 부모의 이름에서 따온 것이다. 즉 신라왕실이 석가모니와 같은 종족이라고 내세워 왕실의 권위와 왕권 강화를 꾀한 것이다. (진종설화)

· 불교왕명시대 : 법흥왕에서 진덕왕에 이르는 시기의 신라왕들의 이름을 불교에서 따왔으므로 구분지은 것이다. 『삼국유사』는 이 시기를 따라 구분하여 '중고기'라 하였다. 선덕여왕의 이름은 덕만이다. 덕만은 『열반경』에 등장하는 오계를 갖춘 재가 여신도이며 부처의 열반을 지켜보았다는 인물이다. 진덕여왕의 이름인 승만은 『승만경』의 주인공이자 아유타국의 왕비로서 미래에 성불하라는 수기를 받은 인물이다. 이처럼 이 시기 왕들은 불교와 관련이 깊다.

〉〉 쉬어가기 〈〈

불교가 호국적인 성격을 강하게 띠었다는 것을 나타내주는 대표적인 예가 황룡사이다. 황룡사는 진흥왕 때부터 시작해 선덕여왕에 이르기까지 100여년간에 걸쳐서 절 뿐만 아니라 최대 규모의 불상·구층탑·종 등을 만들었다. 황룡사 9층탑은 층별로 왜·중국·말갈 등 아홉 나라를 상징하며 이들을 정복해 조공을 받겠다는 호국신앙을 내세운 것이다. 장륙불상도 신라의 호국을 상징하는 대표적인 신라의 보물이었다.

『삼국유사』에 따르면 "황룡사 장륙불은 금동불상으로 3만 5007근의 구리와 1만 198푼의 금이 들었으며, 좌우의 두 보살은 철 1만 2000근과 금 1만 130푼이 들었다"고 한다. 이것을 한번 생각해보자. 철과 구리는 지금도 중요한 금속이지만 삼국시대는 바로 부(富)의 척도이자 군사력을 가름하는 중요한 물질이다.

이 시기는 삼국 간에 영토전이 벌어졌던 시기이며, 신라는 뒤늦게 지금의 경상도, 가야, 그리고 충청도와 강원도로 영토확장에 뛰어들었던 만큼 무엇보다도 구리, 철, 금이 필요했을 것이다. 그런데 불상을 만드는 데 이 많은 것을 사용했다는 것은 어떤 의미를 지니고 있을까?

'부처의 보호아래 나라를 튼튼히 지킨다'는 마음도 있었을 것이고, 또 '우리나라가 이만큼 부자다.'라는 과시하는 의도도 있지 않았을까? 통일신라 말기 지방 호족 세력의 후원을 받은 선문에서 대형의 철불을 주조하는 것도 비슷한 이유일 것이다.

2) 삼국시대 불교 수용의 특징

삼국시대 불교가 전래되고 공인된 시점을 살펴보면 고구려는 전진왕 부견이 백제는 동진에서 보낸 사절단과 함께 승려들이 오고 있다. 이는 불교의 전래가 국가와 국가 사이의 공식적 행사인 외교절차를 통해 이루어지고 있음을 나타내는 것이며, 국왕(국가)의 보호아래 전파됨을 의미한다. 즉, 우리나라 불교는 전래됨과 동시에 왕실불교이자 구복불교의 성격을 띠고 위로부터의 수용이라는 특성을 지니게 되었음을 말한다.

그리고 수용된 시기를 보면 왕권강화, 고대국가의 완성시기와 연결되고 있다(고구려 소수림왕, 백제 근초고왕, 침류왕, 신라 법흥왕). 이는 불교가 고대국가 성립과 밀접한 관계를 가지고 있으며 고대국가로 성장하고 왕권강화가 이루어짐에 따라 국왕과 중앙정부를 중심으로 종래의 씨족적 전통 외에 통일된 국가를 위한 새로운 전통 확립의 필요성이 대두되었음을 의미한다. 또, 형제상속에서 부자상속으로 왕위계승이 변함에 따라 왕실의 권력과 지배를 합리화하려는 관념형태가 요구되었다는 것을 나타낸다.

이러한 시대 상황은 종전의 제사장적인 기능을 대체할 수 있는 보다 강력하고 권위 있는 사상체계가 필요하였을 것이다. 때마침 전래된 불교는 변화하는 시기의 지배이념으로 적합하였다. 기록에도 나타나듯이 삼국의 왕들은 무당보다도 더 신통한 불교의 치유력을 강조하거나, 더 많은 복을 구하기 위해 불교를 믿을 것을 말하고 있다. 이는 불교가 무격(무당과 박수)을 대신하여 종래의 무속신앙이 가진 '초복피화(招福避禍,복을 불러오고 화를 피하는)'의 기능을 대신하게 되었음을 의미한다. 즉 불교 수용 이전에는 무(巫)는 지배자의 일환으로 예언자, 예지자(豫知者), 치료사, 국사나 정사의 자문역할을 하였는데 이제는 승려가 그 역할을 하게 되었다.

왕들은 '왕즉불' 사상을 빌어 왕실과 국왕의 권위를 내세우는 데 불교를 적극 활용하였다. 불법을 지키는 것이 나라를 지키는 것이므로 불교가 호국적인 성격을 강하게 띠게 된 것은 자연스런 일이었다.

그러므로 초기 불교는 귀족적, 호국적 신앙으로 고대국가 성립과 밀접한 관계를 가지고 왕실에 유리한 종교이며, 원광의 세속오계나 걸사표의 예에서 보이듯 정치, 종교세계의 조화를 이루었다고 볼 수 있다.

3) 불교수용에 따른 변화

불교의 수용은 나라를 다스리는 방편으로 이용되기도 하였지만 또한 불교적인 세계관과 윤회설 인과응보설 등은 고대인의 생활과 생각에 영향을 끼쳤다고 볼 수 있다. 불교가 수용되기 이전의 고대인들은 죽음 이후의 세계에 대해 막연하였던 것 같다. 영혼불멸사상에 입각해 재생을 믿던 사람들은 영혼의 거주처로 특정한 한 곳을 생각하지 않았다. 하늘과 바다, 어디인지 모르는 막연한 곳, 죽은 자가 묻힌 곳 등 다양한 장소를 영혼의 사후처로 상정하였던 것이다.

신라인들이 불교의 윤회설을 믿게 되면서 현세에서의 행위에 따른 인과응보와 육도의 개념(죽어서 윤회하는 세계인 天 人 阿修羅 畜生 餓鬼 地獄)도 받아들였다. 즉 영혼은 불멸이며 윤회를 거듭하여 죽은 후 내세에는 현세에서의 행위에 따른 인과응보의 결과로 현세와는 다른 삶을 살게 됨을 받아들였던 것이다.

이러한 인식은 죽어서도 현세와 똑같은 삶을 살며 현재의 지위와 신분을 그대로 유지한다는 기존의 사후세계에 대한 인식과는 큰 차이를 보이는 것이다. 실제로 신라에서 윤회와 관련된 많은 설화가 유포되었다.

이러한 인식의 변화(사후세계, 윤회설 인정)가 지니는 사회적 의미는 무엇일까? 불교수용 이전에는 죽어서 천에 태어나는 것은 왕과 지배층에 한정되었다. 또 토착신앙에서는 인간의 운명이 신에 의해 결정된다고 생각하고 지배자를 천신의 자손으로 간주하였다. 따라서 현세의 길흉화복이 조상신 및 여러 신과의 관계에 의해 결정되며 일방적이었다. 또 죽어서도 현재의 지위와 신분을 그대로 유지한다고 생각하는 계세적(繼世的) 세계관에 근거하여 순장(殉葬)·후장(厚葬)이 행해졌다.

그런데 불교의 인과응보론은 죽은 뒤에도 현재의 삶이 그대로 유지되는 것이 아니라 현세에서 쌓는 공덕에 의해 내세의 삶이 결정된다고 하였다. 불교의 교설에 따르면 지배층, 피지배층의 구별과는 관계없이 자신의 행위에 따라 도솔천이나 극락정토에 왕생하거나 천상에 태어날 수 있는 것이다. 이러한 논리는 지배층뿐만 아니라 일반 백성에게도 영향을 주어 현세의 고통스럽고 서러운 신분을 벗어나기 위해서는 공덕을 쌓아야 한다고 생각하게 되었다. 삼국유사에 나타나는 설화를 보면 모든 사물은 전생과 현생의 과보를 반드시 받으며 그 결과에 따라 윤회를 피할 수 없음을 밝히고 있다. 대표적인 예가 김대성, 김유신의 탄생설화이다.

윤회설과 인과응보론은 현세에서 쌓는 공덕에 의해 내세의 삶이 결정된다고 파악하는 것으로서, 그 사회적 의미는 두 가지로 살펴볼 수 있을 것이다. 먼저 불상을 조성하거나 신앙하는 행위를 통해 내세에는 새로운 삶을 누릴 수 있다고 생각되었다. 즉 개인의 행과 불행은 개인의 행위에 의해 결정된다는 논리를 제시함으로써 사회적 차별의 극복 가능성을 제시하였고 사회활동에 적극적으로 참여하게 하였다. 다른 한편으로는 현실에서의 빈부와 귀천을 합리화해 주는 일면을 가질 수 밖에 없었다. 다시 말하면 빈궁하고 천한 신분을 지니게 된 원인을 전생에서의 자신의 행위에서 찾고 있는 것이다. 그 결과 불교신앙자들에게 내세의 삶을 위해 현세에서 선행을 할 것이 권유되었다. 한편으로는 현실에서의 신분차별이 전생에서 행위의 결과이므로 현실을 인정하고 순응하는 것이다. 이것은 지배자의 군림을 인정하는 논리가 되기도 하였다. 따라서 불교의 수용으로 인한 죽음관과 내세관의 변화는 신라인의 도덕적인 삶의 유지나 체제유지에 공헌하였다고 할 수 있다.

〈알아보기〉

불교의 남래설

우리나라에 북방 불교가 전개되기 이전에 해양을 통해 전래되었다는 설이 있다. 불교 남래설의 대표적인 예는 김해수로왕과 허황후 설화이다.

불교의 정확한 남래 시기는 단정할 수가 없으나, 『금강산 유점사 사적기』를 보면 유점사의 53불상이 신라 남해왕 원년, 곧 기원 4년에 도래하였다는 기록이 있다. 물론 전설적인 요소가 있어 그대로 수용하는데 문제점은 있으나 불교의 남래설을 시사하고 있다. 사실이라면 이 남래 불교는 고구려 불교보다는 약 370년이나 앞서 전래된 셈이 된다.

파사석탑

수로왕 때 전래된 가야불교와 연관시켜 본다고 해도, 수로왕이 기원후 42년 강림 즉위하여 199년에 사망하였다고 하니, 그의 말년을 기준 삼아도 고구려 불교보다 근 200년이나 먼저 들어온 셈이다. 김해 허황후 릉 앞의 파사석탑이나 고기문양 등이 불교남래설의 근거가 되고 있다.

고대에 바다는 문명교류의 활발한 무대이고, 바닷길은 그 지름길이었다. 요컨대, 바닷길을 통한 불교의 남래가 육로를 거친 북래(공전)보다 200~300년 선행한 것으로 추정된다.

2. 통일신라시대의 불교

통일 신라는 신라가 삼국을 통일한 뒤 고려 왕조에 의해 멸망될 때까지 거의 250년간 계속된다. 그런데 이 시기에는 대체로 전 100년(중대)과 후 150년(하대)으로 구분되는 두 기간 동안에 각각 다른 특징을 보인다. 전기는 불교사상이 건전하게 발전한 시기이고, 후기는 그 전기불교가 차차 퇴락, 쇠퇴하면서 한편으로는 새로운 불교가 일기 시작한 시기이다.

1) 통일신라 전기의 불교

삼국통일을 이룩한 신라는 불교 역시 안정된 환경에서 고구려와 백제의 불교문화까지 더 보태어 내면적인 심화를 가져왔다.

이 시대에는 불교문화의 완성에 주축이 되었던 많은 고승들이 있었다. 그 중 가장 대표적인 인물은 원효와 의상이다. 원효는 한국불교 최고의 고승이며, 한국의 불교를 정리하여 사상적으로 토착화시켰을 뿐만 아니라 불교의 생활화와 대중화에 힘쓴 인물이다.

의상은 661년(문무왕 1)에 당나라 화엄종의 지엄을 찾아가서 『화엄경』을 연구한 뒤 671년에 귀국하였다. 온 나라에 화엄불교를 널리 펴기 위하여 태백산에 부석사를 짓고 제자들을 가르치고 백성들을 교화함으로서 해동화엄의 시조가 되었다. 또한 그는 낙산사에 신라 관음신앙의 터전을 여는 등 한국불교의 사상과 신앙사에서 가장 큰 맥 가운데 하나가 되고 있는 화엄사상과 관음신앙을 정착시켰다.

이 시기는 계율종, 열반종, 법싱종, 법성종, 화엄종 등의 종파가 발생하였으며 통일기 가장 성행한 종파는 법상종과 화엄종이다. 특히 삼국

통일을 합리화한 회삼귀일(會三歸一)사상과 통일된 국가의 위엄을 합리화한 사상으로 화엄종이 성행하였다. 또한 신앙면에서는 아미타신앙, 약사신앙, 관음신앙이 성행하였다.

또한 이 당시의 신앙형태는 특정한 한 부처나 보살에게만 국한되지 않았으므로 여러 불보살을 한꺼번에 믿고 섬기는 경우도 많았다. 그와 함께 약사여래 · 미륵불 · 아미타불 · 석가모니불을 사방불(四方佛)로 생각하고 신봉하는 사방불신앙도 생겨났다. 그러나 사방불이 반드시 부처만이 아니라 보살을 포함할 경우도 있었다. 한편 불보살에 대한 신앙에 얽힌 영험을 강조하면서 차츰 불교가 타력신앙의 경향을 띠게 된다.

2) 통일신라 후기(하대)의 불교

통일신라 후반기 155년은 삼국사기의 구분법에 따라 흔히 신라 '하대'라고 부른다. 37대 선덕왕(재위 780-785년)으로부터 56대 경순왕(재위 927-936년) 때까지로 20명의 왕이 교체된 정치적 혼란기였다.

왕위쟁탈전에 따른 진골 귀족 내부의 분열뿐만 아니라 6두품 계열의 진골귀족에 대한 도전 또한 나타나고 있다. 무엇보다 적극적으로 골품제 체제에 도전한 것은 지방호족들이었다. 신라 후기에 지방에서 새로이 대두한 호족들은 신라의 기존 질서에 도전함으로써 진골체제를 더 이상 유지할 수 없게 하였다. 이것은 곧 신라사회의 붕괴를 뜻하는 것이었다.

신라 하대의 혼란은 진성여왕(재위 887-897년) 때에 이르러 극도에 달하였다. 마침내 진성왕 3년(889)에 전국적인 반란이 일어나자 지방호족들 사이에는 이들을 이용하여 그 세력을 확대하려는 자가 생겼다.

이들 중에서 정권을 수립하는 단계에까지 이른 것이 궁예와 견훤이다.

이처럼 사회전환에 발맞추어 사상계도 큰 변화를 겪게 되었다. 이전부터 존재하던 화엄종과 유학이 자체 정비를 모색하고 풍수지리설이 점차 이론적 틀을 갖추었고 선종과 미륵하생신앙이 사회 전면에 등장하였다.

9세기 중엽 이전만 해도 지배이데올로기의 위치를 차지했던 화엄종은 고려에 의한 후삼국통일 이전까지 신라왕실과 긴밀한 관계를 유지하는 영역의 축소를 보였다. 9세기에 즈음하여 받아들인 선종은 세기의 후반, 각 지방에 9산선문으로 대표되는 산문을 열어 화엄종의 뒤를 잇는 나말려초의 지배이데올로기로서 존재하였다. 불안정한 현실을 사는 당시의 민중들에게 미륵신앙은 미륵의 용화세계를 맞는 전단계로서의 말법(末法)시대라는 의식과 연결되어 사회구원적 신앙으로 대두하였다. 불교의 여러 신앙과 전통신앙 중 산악신앙을 바탕으로 한 풍수지리설은 후삼국시대에 경주 밖에서 새로운 지배계급으로 출현한 지방의 신흥세력들에게 지리적 개념에서 논리적인 뒷받침을 하였다.

그러나 무엇보다도 이 시기 불교계의 가장 큰 특징은 선종의 수용과 발전일 것이다. 기록에 의하면 선덕왕과 진덕왕대(재위 632~647년)에 당에서 귀국한 법랑이 선종을 전래하였다고 하지만 크게 관심을 끌지는 못한 것 같다. 9세기에 들어오면 불립문자(不立文字)·교외별전(敎外別傳)·직지인심(直指人心)·견성성불(見性成佛)을 주장하는 선종이 유행하게 된다. 9세기의 중엽을 넘어서면서 9산선문이 집중적으로 세워지는 등 불교계의 주도세력으로 성장하게 되었다.

9세기의 격동하는 사회변화에 따라 구산선문의 사회적 관계도 변화를 맞게 되었다. 진성왕 3년(899)에 이르면 농민봉기가 전국적으로 일어나고 901년 궁예가 후고구려를 세워 견훤이 이끄는 후백제와 한반도 주도권 쟁탈이 시작된 이후에는 농민군의 약탈과 위협에 시달리게 되었다.

이때부터 호족과 선사들의 밀착관계가 형성되었다. 후삼국쟁패가 치열한 지역에서는 세력권의 변화에 따라 연고지의 왕실과 긴밀한 관계를 유지하거나 새로운 변화를 꾀하게 되었다. 즉, 선종의 선사들이 농민전쟁 이후 농민군에게 물리적 압박을 받으면서 점차 지배계급에 의탁하는 변화를 맞이하게 된 것이다.

지금 남아있는 9산선문의 터를 보면 방대한 규모이다. 이러한 선종계열의 거대규모의 사원조성이 이전과 달리 지방호족세력들의 공개적인 후원으로 이루어졌다. 사회적인 힘의 변화와 지방세력들의 성장을 느낄 수 있다.

사원조성의 물적 기반은 현존하는 유물과 유적의 발굴조사를 토대로 재구성이 가능하다. 선종사원이 조성될 때 그 시대에 유행했던 쇠부처를 만드는 데 드는 쇠와 쇠장이(鐵匠)의 마련, 절의 조성에 소요되는 경제력, 건축・조각・미술 등의 기술 및 예술의 지원, 노동력의 투입, 대토지 소유의 확보는 최소한의 필요조건이었다. 이와 같은 지원을 할 수 있는 세력과 그 밑받침이 되는 노동력이 상당하였을 것이었음을 상상할 수 있다. 이는 물적토대만으로 되는 것이 아니다. 물적토대 외에도 그 배경에는 지방문화의 여러 부문에 걸친 성장이 깔려 있었던 것이다. 즉 쇠부처의 주조로 알 수 있는 자유로운 사철(私鐵)의 개발과 제조, 전근대사회의 종합문화를 자체적으로 구현한 선종사원의 공개적인 조성지원에서 나타나는 지방문화의 성장, 중앙의 통제와

압력을 괘념치 않을 수 있는 사회분위기가 형성되었음을 쉽게 추측할 수 있다. 이것은 지방 사회에서 사상・경제・기술・산업・예술이 고루 성장했던 것을 뜻하며, 중앙권력이 하대의 정쟁을 거치면서 사실상 경주 일원의 영역을 벗어나지 못한 힘의 약세를 노출시킨 것이기도 하다. 또 선사들이 내세운 신앙공동체의 자급자족적 노동관의 전개, 종교 실천성의 회복, 개인주의적이고 분파주의적인 성향, 직관강조의 접근 가능한 단순성 등은 교종의 한계를 극복하고 새로운 시대변화에 조응할 수 있는 사상적 기반을 제시한 것으로 본다.

〈알아보기〉

화엄사상과 가람 구조

화엄학은 통일신라시대 불교의 중심을 이루고 있다. 자연히 그와 관련된 많은 가람이 건립되었다. 불국사는 이름 그대로 불국토에 세워진 사찰이다. 법화사상을 보여주는 석가탑과 다보탑을 세웠으나, 화랑을 둘러 만다라적 구조를 이루고, 중심 가람의 서쪽에는 극락전을 세웠으니 극락정토를 상징한다. 그러나 불국사의 중심은 비로전이다. 이를 중심으로 관음전, 지장전, 극락전, 무설전을 세워 동 관음, 남 지장, 서 미타, 북 석가, 중 비로자나불의 구도를 이루고 있다. 즉 화엄경의 해석에 따른 구조이다.

이러한 예가 또 있으니 해인사와 오대산이다. 해인사의 입지는 다섯 봉우리의 중심이며, 해인사를 창건한 순응은 화엄경의 철학과 사상의 집결체로 믿어지는 해인삼매를 나타내고자 이 절을 세웠다고 한다.

오대산은 화엄의 문수보살 및 비로자나불이 중심이 되어 동 관음, 남 지장, 서 미타, 북 석가의 구도를 보여준다. 그래서 중앙의 비로봉에 세워진 진여원과 부처의 진신사리를 모셨다는 적멸보궁을 중심으로 동대 관음암, 남대 지장암, 서대 미타암, 북쪽에는 미륵암이 세워졌다. 세조와 관련된 관음동자 설화도 의미가 깊다.

이처럼 화엄사상은 한국의 사찰구도에 많은 영향을 끼쳤다.

3. 고려시대의 불교

고려에 의한 후삼국 통일과 국가기반 마련이 진행된 10세기는 골품제의 폐기와 수취체제의 개혁을 중심으로 한 사회변화가 일어났다. 첫째는 고려시대가 되면 유교가 새로이 정치사상체계로서 불교와 함께 2대 주류를 이루어 공존을 모색하였다. 둘째는 불교계의 변화로서 교종 중심의 불교 전통에 대한 도전으로서 선종이 새로 대두되어 불교계의 새로운 조류를 형성한 것이었다. 교종과 선종 여러 분파로 나뉘었던 불교는 교종(이론체계)와 선종(실천방법)의 조화 문제가 새로운 중심과제로 대두되었다. 셋째는 호족세력과 그 지방의식의 성장을 자극하면서 한편으로는 그 타당성을 부여하는 역할을 한 풍수도참설이 선종과 더불어 새로 유행하여 사회변화의 추진제 역할을 담당한 사실이다. 그리고 개경으로의 문화 중심의 이동과 각 지방의 문화밀도가 높아지면서 고려 문화의 기반은 크게 확대되었다. 그러나 고려시대에도 불교는 국가의 중심 종교였고, 정치와 교화의 기능을 담당하였다.

1) 고려 전기 불교계의 재편

불교 종단의 통합

고려 건국이후 왕들은 난립된 불교계를 개편하는데 주력하였다. 교종과 선종 각 교단의 통합이라는 방향으로 진행된 불교개편 작업은 한국 불교의 특성을 이루게 되었다. 신라 말의 선종은 신라왕실보다는 지방 호족 세력과 밀착되어 이들의 분권적 경향에 대한 이념으로 채택되었다. 따라서 고려가 성립된 이후 왕권강화를 추진하면서 사상적 측면과 관련하여 가장 주목되는 개편대상은 지방호족과 결합하고 있었던 선문세력이었다.

불교 교단에 대한 정비작업을 본격적으로 추진한 왕은 광종이다. 그는 승과(僧科)와 승계(僧階)제도를 마련하고, 국가에서 승려와 교단을 일체 관리하는 기관으로 승록사(僧錄司)를 설치하였다. 또한 광종은 왕권강화를 시도하면서 불교계에 대한 개편작업을 추진하였다. 균여를 기용하여 후삼국 이래 남악파와 북악파로 분열된 화엄종단을 통합하고, 교종은 화엄종을 중심으로 정리하였다. 선종은 새로 중국에서 법안종을 도입하여 난립된 선종 각파를 정리하려고 하였다.

광종의 불교에 대한 관심은 자신의 즉위를 정당화하려는 이념을 모색하고, 보편적인 법을 내세우는 불교이념을 통하여 치국의 묘책을 수립하자는 의도였다. 이러한 노력으로 광종 대에는 법안종이 대두하였다.

고려 초의 불교 종단 통합 움직임은 단순한 종파간의 통합뿐만 아니라 다른 종파의 사상을 융합하는 방향으로도 진행되었다. 선종 승려가 교종사상을 융합하려는 입장과 또 하나는 교종승려가 선종사상을 융합하려는 경향을 나타낸다.

천태종의 창립

성종이후에는 유학이 귀족사회의 이념으로 채택됨으로써 불교가 가졌던 체제이념으로서의 기능은 축소되고, 그 결과 각 종파별 · 신앙별로 특정 집단만을 대변하는 위치로 전락하게 되었다. 특히 11세기 이후 현종 · 문종대를 지나면서 문벌귀족층이 형성됨에 따라 불교계도 이들의 영향력 속에서 좌우되기에 이르렀다. 문벌귀족들이 개경을 중심으로 많은 원당을 건립함으로써 경제적으로 사원 자체를 장악하였다. 심지어 그들의 자제들을 대대로 출가시켜 교단 자체를 움직일 정도로 영향력을 행사하였다.

이러한 때, 왕자 출신인 의천(義天, 1055~1101)은 왕실의 편에 서서 문벌귀족과 결착된 불교세력을 개편함으로서 왕권강화의 계기를 마련하고자 하였다. 이를 위해 의천은 먼저 화엄종의 입장에서 법상종 교단을 억압하여 교종을 정리하고, 나아가 교관병수(教觀并修)를 주장하면서 새로 천태종을 개창하여 선종을 포섭함으로써 교·선의 대립을 극복하고자 하였다. 의천은 인주 이씨 세력과 연결된 법상종 교단측의 공격을 받아 한때 지방으로 밀려나기도 하였으나, 숙종의 후원으로 국청사(國淸寺, 1097년)를 창건함으로써 한국의 천태종을 창립하였다. 이는 5교 9산으로 분열 대립되었던 전 불교 교단을 재편하는 것이었다.

의천의 천태종 개창은 정치적으로도 의미가 있다. 의천은 왕실의 입장을 대변하는 승려이다. 그렇기 때문에 천태종 개창을 단순하게 새로운 종파가 하나 탄생한 것만이 아니라, 이 시기 숙종의 왕권강화책과 관련이 깊다. 즉 불교계의 개편은 종교적으로 교·선종의 대립을 극복한 것 뿐만 아니라 왕권의 회복이란 측면도 있다고 보아야 할 것이다.

의천이 왕권강화에 부응하여 보인 일련의 노력은 광범위한 경전의 섭렵을 통한 속장경의 조판과 천태종의 개창으로 나타났다. 내적으로는 원효의 계승을 자처하고, 대외적으로는 송에 유학하여 흡수한 다양한 불교를 통해서 이념적 기반을 찾으려고 노력하였다.

그러나 의천의 개혁방안은 본질적으로 문벌체제와 동일한 기반에서 출발했기 때문에 당시 사회와 불교계에 대한 전반적인 개혁의 방향을 제시하고 불교의 대중화 단계에 이르지는 못하였다는 평가를 받는다. 그렇기 때문에 그의 사후 문벌체제가 강화되는 추세에 따라 각 종파의 분립, 대립현상이 더욱 가속화되었다.

선종의 부활

12세기에 접어들면 많이 위축되었지만 가지산문(迦智山門)과 사굴산문이 선종의 명맥을 유지하였다. 특히 학일에 의해 가지산문의 중심지가 경상도 지역(운문사)으로 옮겨졌다. 운문사가 가지산문의 중심지가 되었다는 사실은 13세기 초반에 이 지역을 중심으로 야기되었던 대대적인 농민항쟁이 무신정권의 불교정책과도 무관하지 않다는 점을 상기시켜줄 뿐 아니라 일연(一然)의 출현과도 관련되어 대단히 중요한 시사를 준다.

또 당시 불교계에는 이러한 정통종파 불교와는 구별되는 또 다른 흐름으로 '거사불교'가 있었다. 문벌귀족의 일부에서 성행한 것으로 선수행에 비중을 두었지만 도가사상의 영향을 강하게 받아 은둔적 성격을 지녔다. 고답적이며, 은둔적인 성격을 가진 거사불교는 이른바 죽림사상과 맥을 같이하는 것으로 추측된다. 거사불교의 성행은 당시의 문벌귀족체제가 강화되는 추세 속에 정치일선에서 밀려난 문신관료들의 정치·사회적 상황에 대한 반감이나 회의적인 성향에서 찾아야 될 것이다.

선사상이 크게 유행하는 분위기는 12세기 후반의 무신란 이후 불교계가 재편될 때 선종계가 부각되고, 수선사 계통이 중심교단으로 정착될 수 있는 기반을 제공한 것임은 충분히 예상할 수 있는 것이다.

2) 불교개혁운동(신앙결사운동)

12세기 후반의 무신란을 기점으로 당시 사회의 전반적인 변동과 관련하여 기존의 보수적인 경향이 강화된 불교계에 대한 비판운동으로 수선사(修禪社)・백련사(白蓮社) 등의 신앙결사운동이 전개되었다.

신앙결사운동 특징은 개별적・독자적인 형태로 지방사회를 중심으로 전개되었다는 점이다. 또 그 주도세력 및 구성원은 이전과는 달리 대부분 지방의 중간신분층과 독서층, 그 이하의 신분층의 참여와 후원으로 결성되고 유지되었다는 점을 들 수 있다. 이는 13세기 전후 시기가 고려 불교사의 전환기였음을 시사하는 것이다.

불교개혁운동의 대표적인 것은 지눌(知訥, 1158~1210)이 개창한 것으로 뒤에 수선사로 사액되었던 정혜결사(定慧結社)와 요세(了世, 1163~1245)의 백련결사라 할 수 있다.

이들 양대 결사는 기존의 개경 중심의 불교계의 타락상과 모순에 대한 비판운동이라는 공동의 과제를 갖고 출발했다. 이런 의미에서 이들에게서 지방불교적인 경향을 발견할 수 있고, 또 이들의 성격을 불교개혁운동이라고 규정지을 수 있다.

수선사는 지눌이 1182년(명종 12) 정월에 개경의 보제사에서 개최한 담선법회에 참석하여 승과에 합격한 것을 계기로 하여, 당시 불교계의 타락상을 비판하면서 동지 10여 명과 함께 명리를 버리고 산림에 은거하여 결사를 맺을 것을 약속함으로써 출발된 것이었다. 1190년(명종 20)에 거조사에서 「정혜결사문」을 반포함으로써 정혜결사를 결성하기에 이르렀다. 1200년(신종 3)에는 송광산 길상사로 그 근거지를 옮겼으며, 몇 년 뒤인 1204년 최충헌정권의 후원으로 받고 왕실로부터 사액을 받아 정혜결사의 명칭을 수선사로 하였다. 이후 수선사는 최우의 지원을 받으며 크게 성장하게 되었다.

최우정권은 그들의 세력기반을 안정적으로 유지하기 위해서 당시 불교계의 지지가 필요하였고, 불교계 내의 세력 확보라는 정치적 의도를 지니고 당시 사회에서 광범위한 지지기반을 확보 하고 있던 수선사를 택했던 것으로 해석된다.

그러면 당시 사회에서 수선사가 광범위한 지지기반을 확보하게 된 요인은 어디에 있었을까. 지눌이나 혜심의 선사상이 불교계뿐만 아니라 독서층에게 참신한 사상체계로서 영향을 주었던 점과 대다수 민중들의 신앙이 정토신앙임을 인식하고서 이를 수용하는 불교관을 표방했기 때문에 참담한 현실 속에 피폐되어 있던 지방사회 일반 민들의 광범위한 지지를 얻게 되었던 것이다고 보고 있다.

수선사는 지방사회의 향리층과 일반 민들의 지원을 받던 결성 초기의 단계에서 차츰 독서층의 지지를 받게 됨에 따라 사원의 규모도 확대되었다. 나아가 광범위한 지지기반을 확보하려는 이들의 종교적 의도와 최우정권의 불교계 내의 정치지지세력 확보라는 의도가 맞아떨어져 최우정권의 적극적인 지원에 힘입어 전 불교교단을 통괄하는 위치로까지 발전하게 된 것이다.

수선사와 더불어 당시 불교 개혁을 주도했던 또 하나의 신앙결사는 천태종 승려인 요세에 의해 개창된 백련사이다. 요세는 1174년에 천태종 승려로 입문하였으며, 1185년 봄에 개경의 천태종 사찰인 고봉사에서 개최한 법회에 참석하였다가 그 분위기에 크게 실망한 것이 계기가 되어 신앙결사에 뜻을 두게 되었다. 지눌과 마찬가지로 당시 불교계에 대한 비판으로 신앙결사에 뜻을 둔 요세는 1198년 가을에 동지 10여

명과 더불어 여러 지역을 유력하다가 영동산 장연사에서 처음으로 백련결사로서의 출발을 하였던 것이다. 요세는 천태교관을 이루기 위한 실천방향을 수참(修懺 : 참회법)과 미타정토를 중요시하였다. 이러한 사상적 전환을 계기로 하여 요세는 1216년 전남 강진의 토호세력인 최표(崔彪)·최홍(崔弘)·이인천(李仁闡) 등의 지원에 따라 강진 만덕산으로 주거를 옮겨 본격적으로 백련결사를 결성하였던 것이다.

백련사는 결성 초기에는 지방의 토호층과 이들을 지지하던 일반 민들을 주요 단월(檀越)로 하였으며, 1220년대에는 인근 지역의 지방관의 배려에 의해 유지되었다. 그 뒤 1230~40년대에는 최우를 중심으로 하여 최우와 밀착된 중앙관직자, 그리고 많은 문신관료층이 백련사에 대한 지원과 관심을 아끼지 않았다. 그러면 수선사와는 달리 1230년대 이후에 와서야 최우정권이 백련사의 단월로 부각된 까닭은 어디에 있었을까. 당시 몽고군의 침입과 관련하여 백련사가 강력한 대몽항전을 표방한 것에서 어떤 계기가 마련된 것이 아닌가 하는 추측은 하지만 확실하지 않다.

이러한 불교개혁운동이 남긴 역사적인 의미는 무엇일까.

첫째는 사회계층적인 측면에서 볼 때 보수적인 소수의 문벌귀족체제에 의해 장악되고 있던 불교계의 제반 모순을 지방의 토호층과 독서층들이 자각·비판하고 이에 대한 개혁을 시도했다는 사실이다. 이전의 문벌귀족이나 왕족출신이 불교계의 주도세력으로 부각되던 단계와는 달리 지방사회의 향리층과 독서층의 자제들이 불교계의 중추세력으로 등장하였음을 상징적으로 말해주는 것이다. 이러한 경향은 지눌과 요세를 계승한 다음 세대에서 더욱 두드러지게 나타난다. 소수의 문벌귀족이나 왕실에 의해 독점되던 사상계의 주도권을 지방사회의 향리층과 독서층, 나아가 일반 민들까지도 공유할 수 있는 사회로 전환하게 된 것은 13세기 전후에 야기되었던 사회변동과 함께 나타난 현상이었다. 둘째는 결사운동을 주도한 지도자들이 수행과 교화라는 두 방향을 중요시하고 병행하였다는 점이다. 셋째는 당시 수선사와 백련사를 주도한 인물들의 불교철학은 최고의 수준이었고, 한국 불교철학이 자기화(自己化) 단계에 이른 것이라고 말할 수 있다.

이 신앙결사운동은 13세기 중반의 대몽항전기를 거쳐 원지배기로 접어들면서 서서히 퇴조하였다.

3) 고려 말의 불교계 동향

13세기 초반의 신앙결사를 중심으로 한 새로운 경향의 불교계는 대몽항전기를 거치고 무신정권이 붕괴되면서 그리고 왕정복고가 이루어짐에 따라 변모하였다. 불교계의 변화는 다음의 두 가지 경향을 띠게 되었다. 하나는 원지배기라는 정치・사회적 현실 속에 타협하고 온존하려는 경향, 다른 하나는 13세기 전후에 이룩한 신앙결사 계통을 계승하면서 보수적인 성격을 비판하는 경향으로 대별할 수 있다.

전자의 경우, 수선사의 계승을 표방하면서 부각된 가지산문, 백련사의 성격을 변질시키면서 그 계승을 표방한 묘련사 계통을 들 수 있다. 당시 묘련사는 왕실과 원 황실의 원찰로 건립되었고, 이후 대표적인 권문세가로 떠오른 조인규 가문에서 이를 장악하여 경제적 부를 축적하고 나아가 천태종 교권을 장악하였다.

원지배기하에서 대표적인 교단세력은 가지산문이었다. 충렬왕 때 활약한 일연에 의해 크게 성장한 가지산문은 이전 시기에 불교계의 중심이었던 수선사와 백련사에 대신하여 원지배기 불교계의 주요세력이었다. 고려 말에는 태고보우·나옹혜근 등이 출현할 정도로 불교계의 중심세력으로 존속되었다.

한편 당시 사회가 대내외적으로 안고 있는 모순과 불교계에 대한 자각과 반성을 촉구한 일련의 인물들이 출현했다. 이들 중 대표적인 인물로서 백련사 계통의 사상적 경향을 계승한 운묵무기를 들 수 있다. 무기는 당시 사회를 말법시대로 인식하고 원지배기의 참담한 현실 속에 처해 있던 대다수 일반 민들에게 염불을 통한 공덕을 강조함으로써 실천신앙으로의 정토신앙을 제시하였다.

그러나 전반적으로 고려말기 불교계는 본래의 기능을 상실한 채 종교적인 기능만을 극대화하는 양상을 나타냈다. 더욱이 신앙형태도 차츰 신비적인 영험과 공덕만을 강조하는 방향으로 전개되었다. 더욱이 많은 토지와 노비를 소유하고 고리대금업에까지 손을 대는 등 불교계의 부패는 더욱 심해져갔다. 그러므로 당시의 불교계가 사회모순을 극복할 수 있는 방안을 제시한다는 것은 불가능하였다.

이와 같이 불교의 사회적 기능이 축소되어 감에 따라 신앙결사 단계에서 구축한 사회적 기반, 즉 소수의 문벌귀족으로부터 지방사회의 향리층·독서층이 획득한 사상계의 주도권을 주자성리학이 대신하게 되었던 것이다. 고려 말기의 불교가 시대적 모순을 극복할 수 있는 새로운 단계로 진전을 보지 못하고 있는 사이에 성리학을 기치로 내세운 신진 사대부의 공격을 받게 되었고, 마침내 불교는 사상계의 주도적인 위치에서 완전히 밀려나고 말았다. 이로서 최소한 여말선초에는 지배계층을 중심으로 한 사상적 전환이 이루어졌으며, 이를 바탕으로 약 1세기 후에는 명실상부한 유교사회로의 전환을 이룩하게 되었던 것이다.

4. 조선시대의 불교

1) 조선 전기 불사 폐지와 종단의 통 · 폐합

조선시대의 불교는 억압당하고 배척을 받았던 불교 수난 시대였다고 할 수 있다. 성리학을 지배이데올로기로 내세우고, 그에 근거한 사회윤리 보급과 질서 · 제도를 확립하고자 한 집권세력(왕과 사대부)들은 자연히 불교를 배척하고 억압하는 정책을 펴 나갔다. 태조와 정종 때에는 비록 불교를 억제하기는 하였으나 왕들의 개인적인 불교신앙 때문에 소극적인 억제 정책에 그쳤다. 그러나 태종 때부터 불교에 대한 대대적인 탄압이 시작되어 역대 왕들의 정책으로 이어졌다.

제3대 태종이 들어서면서 조선시대의 본격적인 숭유 배불 정책은 시작되었다. 태종은 궁중에서의 불사를 모두 폐지하였고, 이어 1406년에는 전국에 242개 사찰 이외의 나머지 사원의 토지와 노비를 모두 국가에서 몰수하였다. 또 11종(宗)의 종단을 7종으로 통폐합하고, 국사 · 왕사의 제도를 없애고 도첩제를 엄히 실시하여 도첩이 없는 승려는 모두 환속시켰다.

세종은 태종 때 폐지한 사찰과 노비 중에서 완전히 처리되지 못한 것을 모두 정리하였다. 태종 때의 7종파를 다시 선교 양종(兩宗)의 2종파로 줄이는 종단의 폐합을 단행하고, 전국에 사찰 36개 소, 토지 7,950결, 승려 3,770명으로 한정시켜 버렸다. 그리고 성 밖의 승려에게 도성 출입을 금지시켰고 연소자의 출가를 엄금하였다.

단종을 축출하고 즉위한 세조는 즉위하자 이전까지의 국왕들과는 달리 호불정책을 펼쳤다. 1461년 6월에는 간경도감을 설치하여 많은 불전을 훈민정음으로 번역하여 간행하도록 하였다. 그리고 승려의 도성 출입금지를 폐지시키고 승려선발시험에 관한 법을 『경국대전』에 명기하여 후손으로 하여금 지키게 하였다. 이와 같은 세조의 불교장려책은 왕위찬탈과 정변에 따른 민심의 이반과 동요를 막기 위한 방책이었다고 볼 수 있다.

그러나 성종이 즉위하자 척불 정책은 더욱 엄하게 행하여졌다. 1471년(성종 2) 6월에는 도성 안에 있던 염불소를, 12월에는 간경도감을 폐지하였고, 1473년 8월에는 사대부의 부녀자가 머리를 깎고 출가하는 것을 금하였으며, 1475년에는 도성 내외의 비구니사찰을 헐어버리게 하였다. 또 도첩제를 정지시키고 도첩이 없는 승려는 모두 정역(定役)과 군정(軍丁)으로 충당시켰다(1492년). 이외에도 사찰을 창건하거나 승려가 되는 것을 금하는 등 척불책을 철저히 함으로써 승려의 수를 줄였고 사원을 폐사로 만들었다.

다음 왕인 연산군도 불교를 억압하였다. 선종의 도회소(都會所)인 흥천사와 교종의 도회소인 흥덕사를 모두 폐쇄하여 관청으로 만들고, 원각사는 기생들이 사는 기방으로 만들었다. 성내의 비구니사찰을 없앤 뒤 비구니들을 궁방의 노비로 삼았다. 승려를 환속시켜 관노로 삼거나 혼인시켰으며, 사찰의 토지는 모두 관부로 몰수하였다. 이러한 연산군의 폭정으로 인하여 불교는 더욱 박해를 받게 되었으며, 승과마저도 실시할 수 없게 되었다.

사화에도 불구하고 사람들의 성장은 지속되었으며 이들에 의한 유교국가로서의 면모를 확립하기 위한 노력(소학, 삼강오륜, 향약보급, 서원 설립)은 점차 지방 그리고 일반민들의 의식에도 영향을 끼쳐나갔다. 특히 사람들에 의해 개혁이 논의되었던 시기였던 중종대는 어느 시기보다 더 심한 폐불정책을 보여주었다. 1507년(중종 2) 승과제도를 폐지하여 불교계는 선종과 교종의 양종마저도 없어지게 되었고, 그 뒤 무종파의 혼합적인 현상으로 전락되는 원인이 되었다. 또 각 도의 사찰을 폐사로 만든 뒤 토지를 향교에 속하게 하였다. 사찰의 대종을 녹여 총통을 만들게 하였으며, 원각사를 헐고, 동불을 부수어서 무기를 만들게 하거나, 『경국대전』에 있는 도승조(度僧條)를 삭제하는 등 가장 혹독한 배불정책을 폈다.

중종의 사후(1545년)에 명종이 12세의 나이로 즉위하자 문정왕후가 섭정하게 됨에 따라 불교가 일시적으로 중흥되었다. 1550년(명종 5) 12월에 선교양종을 부활시키고, 그 이듬해에 보우에게 교단중흥의 중책을 맡겼다. 이에 보우는 문정대비를 도와 봉은사를 선종 본사로 삼고 봉선사를 교종 본사로 삼았으며, 도승법(度僧法)과 승과를 다시 시행하는 등 교단중흥의 활동을 전개하였다. 이로서 교단은 다시 활기를 되찾게 되었고, 유능한 승려들이 승선에 응시하였다.

그러나 불교 중흥정책은 1565년 4월에 문정대비가 세상을 떠나면서 모든 중단되고, 보우는 곧 잡혀 제주도로 귀양가서 제주목사 변협에 의하여 장살 당하였다. 이로부터 승려의 사회적 지위는 다시 떨어졌으며 불교는 산중으로 다시 숨게 되었다. 보우와 문정대비에 의한 15년 동안의 불교부흥운동이 비록 중도에서 꺾이고 말았으나, 이때 배출된 승려들이 불교계에 유능한 인물을 배출시켜 교단의 명맥이 유지되는 기틀을 만들었고, 또 이들이 국난을 극복하는 데도 중요한 구실을 하게 된다.

2) 조선후기 배불(排佛)과 불교계의 흐름

임진왜란과 병자호란 때 많은 승려들이 나라를 위해 의병활동을 벌인 이후 승려들의 사회적 지위는 다소 호전되었지만, 관과 유생들의 부당한 핍박과 시달림은 계속되었다. 남한산성과 북한산성을 비롯한 주요 장소에 산성을 수축하고 수비하는 일은 모두 승려에게 맡겼고, 관가와 유생들에게 종이와 기름과 신 등을 만들어 바치게 하였으며, 그 밖의 잡역을 시켰다. 승려들은 여전히 사회에서 가장 심한 천인대접을 받고 있었다.

또한 현종은 적극적으로 불교를 탄압하여 승려들의 사회적 냉대는 점차 심해졌다. 현종은 즉위와 동시에 양민이 출가하여 승려가 되는 것을 금하였고 또 이미 승려가 된 사람들도 환속할 것을 권하거나 명령하였다. 그는 서울의 비구니사찰인 자수원과 인수원을 철폐하고, 사찰 소속의 노비와 위전(位田)은 모두 본사(本司)로 돌리게 하였다. 이러한 사태는 1749년(영조 25)에도 있었다.

승려들은 이러한 사회적 환경 속에서 자연히 더욱 은둔적 · 체념적인 길을 택하거나, 주위의 조건에 적절히 대처하여 이익을 얻으려는 경향도 나타냈다. 따라서 조선 후기의 불교계는 배척과 억압 정책에 의해서 이렇다 할 종(宗)이 없는 무종파, 통불교의 교단으로 존립하였다. 비록 종파나 종명이 없었지만 불교는 엄연하게 존재해 있었고, 차별적인 종명과 종지가 없는 오직 하나로 이루어진 교단이었다.

그러나 사상적으로는 오히려 경전 연구에 힘쓴 경향이 짙었고, 한때는 간경 · 강학에 전념하는 고승들도 나왔다. 이 밖에 진언집이 생기고 여러 가지 의식이 성행되면서 밀교적 경향도 다시 대두하였다. 한편

선(禪)에 이론이 가해지고 논쟁이 일어남으로써 조선 말기 불교계의 한 시대적 특징으로 전개되어 갔다. 또 승려들은 고성염불로 정토에 왕생할 업을 닦았고, 때로는 진언을 외워 비밀법에 몰두하기도 하였다. 이에 따라 조선 후기의 불교수행은 대개 선이냐, 교냐, 염불이냐 하는 세 가지로 나뉘어졌다.

이러한 교단의 변천 결과로 승단 안에는 이판승(理判僧)과 사판승(事判僧)*이 형성되기에 이르렀고, 승려의 수행도 선과 교와 염불의 3문으로 나누어짐에 따라서 대부분의 대사찰에는 선방·강당·염불당을 갖추게 되었다. 그러나 수도가 부족했던 승려나 거사들 사이에서는 잡신·미신의 경향도 강하게 보였던 것이 이 시대 불교의 특색 중 하나가 되었다. 또 선·교를 혼합할 뿐만 아니라 북두를 숭배하였는데, 오늘날 남아 있는 칠성신앙은 이러한 습관의 흐름으로 볼 수 있다. 또한 유·불·도 3교의 일치를 주장하는 것도 이 시대 불교사조의 특징으로 들 수 있다.

---

* 이판승과 사판승: 이판승은 참선, 경전, 포교 등 불교의 교리와 학문을 연구하는 스님이고, 사판승은 절의 재산과 산림(山林, 살림)을 맡아서 하는 스님이다. 이 말이 '이판사판', 즉 '막다른데 이르러 어찌할 수 없게 된 상황'이라는 의미로 변질되었는 데, 이것으로도 조선시대 스님들의 처지를 엿볼 수 있다.

5. 근대불교

승려 입성(入城)의 자유

조선 시대에는 승려는 국가의 큰일이 있는 경우를 제외하고 대부분의 시기에는 도성의 출입이 금지되었다. 그러다가 개화의 물결과 일본 승려들의 요구에 의하여 1895년(고종 32) 4월에 성안 출입금지령이 해제되었다.

이후 지금까지의 불교배척의 억압정책을 지양하고 국가에서 관리를 꾀하기에 이르렀다. 이와 아울러 불교계에서도 전국 사원의 통일적인 통제를 위한 움직임이 나타났다. 1899년에는 동대문 밖에 원흥사를 세워 한국불교의 총종무소인 국내 수사찰(首寺刹)로 삼고 13도에 각각 하나의 수사(首寺)를 두어 전국의 사찰을 통합하였다. 그 뒤 1902년에는 정부에서 사원의 국가관리를 위하여 궁내부 소속으로 관리서(管理署)를 설치하여 전국 사찰 및 승려에 관한 사무 일체를 맡아보았다. 오랫동안 관심 밖에서 방치되었던 전국의 사찰 및 승려는 이를 계기로 국가행정의 범위 안에서 보호를 받게 되었다.

그러나 당시 정치의 혼란과 관리들의 부패로 인하여 이 관리서가 제도적·이념적으로는 아주 훌륭하였으나 실제에 있어서는 이렇다 할 뚜렷한 발전을 도모하지는 못하였다. 다만 이로 인하여 승려의 위치나 일반적 대우가 나아진 것만은 사실이었다. 그러한 관리서와 대법산 제도도 오래가지 못하고 1904년 1월에 폐지됨에 따라, 그 소관 사무는 내부 관방에 옮겨졌다가 2월에는 내부 지방국의 주관으로 옮겨지게 되었다.

1906년에 이보담과 홍월초 등이 일본 정토종의 영향을 받아 원흥사에 불교연구회(佛教研究會)를 만들고, 1906년 청년 승려들을 위해 오늘날 동국대학교의 전신인 명진학교를 세웠다.

원종, 임제종, 그리고 조계종

1908년 3월에는 전국 승려 대표자 52명이 원흥사에서 모임을 가지고 종단의 이름을 원종(圓宗)으로 결정하였다. 그러나 1910년 일본에 국권을 강탈당한 직후 원종의 종정 이회광이 일본으로 가서 일본 조동종과 연합하기로 합의한 사건이 발생하였다. 이에 분개한 국내의 승려들은 승려대회를 열었고, 1911년 정월에는 영남・호남의 승려들이 순천 송광사에서 총회를 열고 임제종(臨濟宗)을 세웠다. 임제종은 임시종무원을 송광사에 두었다가 그 뒤에는 동래 범어사로 옮겨, 서울 원종과 맞서서 종지수호운동, 정교분립운동을 활발하게 전개하였다.

1910년 8월에 나라를 잃은 이후 1911년 6월 새로운 사찰령이 제정, 반포됨으로써 조선총독부의 지배 아래에서 30곳의 본산제 체제로 바뀌게 되었다. 이후 전국사찰을 통할하고 전국 승려를 통제하기 위한 중앙 통제 기관이 필요에 따라 조선불교선교양종중앙총무원(朝鮮佛教禪教兩宗中央總務院)이 설립되었다.

1941년 봄에 태고사(太古寺 : 지금의 조계사)를 세워 총본산으로 삼고 조선불교선교양종이라고 불리던 종단의 이름을 조계종(曹溪宗)으로 결정하였다. 이 조선불교조계종은 1945년 8월 15일의 광복과 더불어 한국불교조계종으로 정비되어 새로운 출발을 보게 되었다.

2부
불교문화재

Ⅰ. 가람의 형성과 변천

우리가 흔히 절이라 부르는 불교건축은 가람, 사, 사원, 사찰이라고도 부르는데 그 어원은 산스크리트어의 'Sangharama'이다. 산스크리트어 'Sangharama'는 중원(衆園)의 의미를 지니고 있었으나 중국에서 한역하여 '승가람마', 줄여서 '가람'이라 하였다. 최초의 가람은 '승려들의 거주처' 즉 승원으로 한정되었으나 후세에 와서 승원만이 아니라 당(堂)과 탑을 포함한 불교건축 전부를 가람이라 하게 되었다.

이들이 발생한 차례를 보면 승방이 가장 빠르고, 이어 탑, 그리고 당이 세워지면서 일련의 불교 건축군을 형성하게 되었으며, 여기에 하나의 질서를 좇아 가람배치가 생겨나게 된 것이다.

1. 가람의 기원

1) 절이란 이름은 어떻게 생겼나

절이란 불교의 사원으로 불상을 모시고 승려들이 거주하며 수행을 하고 부처의 가르침을 전해주는 곳이다. 따라서 절이라고 할 때에는 불(佛)·법(法)·승(僧)의 삼보(三寶)*가 갖추어져 있는 곳이라고 정의할 수 있다.

우리가 절이라는 곳은 공식적으로는 통도사, 해인사 등 ○○사라고 하거나 아니면 사찰, 사원, 가람이라고 한다. 또 절에 가면 ○○암 이라는 암자가 있고, ○○총림이라고 쓰여 있는 곳까지 다양하게 부르고 있다. 이 말들은 다 어디서 만들어지고 어떠한지 살펴보자.

인도 : 아라마, 승가람마

인도에서 석가모니 생존 당시, 지금의 절이라 표현되는 것은 오직 '수행하는 승려들의 거주처(arama)'로서 한정되었다. 승려들의 거주처인 승원은 오늘날의 승방을 말한다. 승방에는 단독 승방(Vihara)과 집단승방(Sangharama)이 있는데, 불교 경전에 나타나는 기원정사, 죽림정사, 대림정사 등은 모두가 집단적인 승방이었다. 석가모니는 1일 1식 1숙을 원칙으로 하여 사방으로 다니며 교화하고 있었으므로 당시의 승방은 실용적이고 간단한 것이었다. 따라서 오늘날 우리가 생각하는 가람 배치상의 승방과는 다르다고 할 수 있다.

앞서의 아라마가 확장되어 종합적 성격을 띠게 된 것이 승가라마(sangharama), 즉 중원(衆園)이다. 석가모니 입멸후 석가모니의 진신사리를 나눠 안치한 사리탑이 절의 중심부에 놓이게 되면서 가람(승원)에 탑이 추가되었다. 이후 대승불교의 흥기와 더불어 조성되기 시작한 불상을 모신 예불당(禮佛堂, caitya)이 만들어지면서 법당은 탑과 더불어 절의 구성에 중요한 몫을 차지하게 되었다. 그러므로 인도에서

* 우리나라의 삼보사찰 중 불보(佛寶)사찰은 부처님의 진신사리가 봉안되어 있는 양산 통도사이며, 법보(法寶)사찰은 고려 재조대장경(팔만대장경)이 봉안되어 있는 합천 해인사이며, 승보(僧寶)사찰은 고려시대 이후 16국사가 배출된 승가의 대표사찰인 순천 송광사이다.

불교미술의 대상이 될 만한 불교건축으로서 가람이 형성된 것은 석가모니가 열반한 후 300년경 아소카왕 대의 당・탑・승원 건축에 의한 것이었다고 보고 있다.

인도의 절 명칭

명칭	내용
아바사(avasa, 住處)	임시적 거주처
아라마(arama, 園林)	영주적 거주처
비하라,(vihara, 毘訶羅)	주처, 유행처, 사택, 정사
아란야(aranya, 阿蘭若)	일체의 번잡함에서 벗어나 있는 곳
승가라마(sangharama, 僧伽羅摩)	아라마가 확장되어 종합적 성격을 띠는 곳

중국 - 절의 이름이 다양하게 된다(사찰, 사원, 가람, 사(寺), 암(庵), 총림(叢林))

인도의 불교가 중국에 전래되자 중국에서는 외국 사신을 맞이하기 위해 설치한 홍려시란 관청에 수행자들을 머물게 하였다. 이에 연유하여 이후 스님들이 머무는 곳을 사(寺)라 이름지었다. 또 인도의 '승가람마'를 한역하거나 줄여서 '가람'이라 하였다.

절을 '사원'이라고도 부르는데 그 뜻은 주위에 회랑이나 담장을 두른 집을 말한다.

사찰이라는 이름도 있다. '찰(刹)'이란 탑이나 깃대의 중심부를 일컷는 말이다. 대체로 절 앞에 찰 즉, 당간을 세우는 경우가 많았으므로 그것에서 유래한 것이 아닌가 생각한다.

이렇듯 많은 명칭들 외에 또 다른 명칭이 있다. 총림(叢林)이 그것이다. "마치 많은 나무들이 숲을 이룬 것과 같다"고 하여 이름하였던 것인데, 강원(講院)・율원(律院)・선원(禪院) 그리고 염불원(念佛院)의 네 가지 구성요소를 갖춘 종합 수도원의 성격을 띠게 된다. 우리나라의 경우 '해인사 가야총림', '통도사 영축총림', '수덕사 덕숭총림', '백양사 고불총림'이 있다.

한국 - 절이란 이름지어서 사용

우리나라에서는 앞서의 많은 가람의 명칭 중에서 '절'이란 이름을 즐겨 쓴다. 『삼국사기』에 따르면 신라에 처음 불교를 전하였다는 묵호자나 아도화상이 머물렀던 집이 '모례(毛禮)의 집'이었다. 여기에 등장하는 모례는 이두표기로서 '털례'라 적게 된다. 이것이 간략화 되어 '털'이 되었고 '덜'로 변화하였으며, 이후 '절'로 바뀌어졌다는 것이다. '사(寺)'가 우리말의 절로 변이된 모습이다.

2) 절이 산으로 간 까닭은?

현재 우리나라의 산에 가면 꼭 이름난 유서깊은 절들이 있다. 그래서 절하면 산을 떠올리게 되지만 처음부터 절이 산에 있었던 것은 아니다. 경주에 남아 있는 신라시대의 절터들 황룡사, 사천왕사, 분황사는 넓은 평지에 건립되었다. 부여시대 백제의 절터인 정림사지 역시 그러하다. 왕과 귀족이 거주하는 수도, 평지에 건립된 절이 산으로 옮겨간 것은 불교가 지방으로 전파되면서, 불교를 이끄는 주도 세력이 지방과 관련이 깊어지면서 일 것이다. 신라 말 선종의 융성에 힘입고 도선의 풍수설에 따라 절의 위치를 잡았기 때문에 명당으로 생각되는 곳에 산사가 많이 건립되었다고 한다.

처음 절은 어떤 곳에 지었을까? 왕명에 의해 수도 내에 지은 예는 고구려 백제에 관한 기록에도 나타난다. 신라의 경우는 보다 구체적으로 나타나는데 종래 무속신앙의 성지가 불교 가람터로 변모하였음을 알 수 있다. 그 예는 이차돈이 흥륜사를 건립한 터가 옛 천경림터였다는 『삼국유사』의 기록에서 찾을 수 있다.

또 산악숭배 신앙이 불교로 대체되면서 가람형성에도 많은 영향을 미치게 되었을 것으로 추정한다. 통일신라 말기 선종 도입 이전에도 아름다운 산 속에 절들이 지어진다. 그 연유는 어디에 있을까. 일반적으로 우리의 전통적인 산악숭배 신앙과 관련이 깊다고 본다. 산악에 대한 신성관념이 불교신앙과 습합에 의해 새로운 발전을 보게된 것이다. 신라의 경우 나력, 골화, 삼혈례의 삼산에 제사를 지냈고, 5악을 숭배하는 등 산악에 대한 신앙 관념을 중요시 하였다. 『삼국유사』 진덕왕조에 의하면 신라시대에는 국가의 대사를 논할 때 반드시 정해진 4곳의 영지에서 행하게 되어 있다. 화랑의 명산대천 순례 역시 이 같은 신앙이 생활화하여 정신적 지주를 형성한 것이 아니었나 본다. 신라의 산악숭배신앙은 불교신앙과 결합하면서 부처와의 관련을 강조하는 영지(靈地)신앙으로, 청정한 불국토 사상으로 표현되었다. 그 예가 자장과 관련된 오대산 월정사와 영취산 통도사이다.

자장의 경우 선덕왕 5년(636)에 입당하여 청량산에 머물면서 문수보살로부터 석가여래의 금란가사와 사리를 전수받고 귀국하여 앞서의 두 절을 개창하였다. 이로 보아 자장은 두 계통의 영산신앙의 영향을 받았음을 알 수 있다. 오대산 월정사는 중국 오대산의 문수신앙에 의해 문수보살로부터 전수받은 석존 사리에 중점을 두어 사리탑을 건조한 데서 찾는다. 중국 오대산(청량산)의 영산신앙과 문수신앙을 그대로 이식하여 개창한 것이다. 석존 사리라는 점에서 영산이라는 의미보다 석존의 생전 설법장의 하나인 영취산의 이름을 취한 곳이 통도사다.

자장이 오대산의 성지신앙을 신라에 이식할 당시 신라는 불교를 왕권강화와 국가 질서 확립의 정신적 지주로 삼으려 하였다. 이러한 시대와 사회적 조건은 신라의 모든 명산을 불교 가람화 할 수 있는 배경이 되었다. 신라에서는 재래의 영산 또는 명산을 가람화하여 국토에 대한 애착심과 호국불교의 성격을 더욱 강하게 나타내게 되었다.

신라 후기에는 선종의 융성과 도선의 풍수지리설에 의하여 가람 건립이 영향을 받게 되었고, 고려시대에도 고려 태조의 '훈요 십조'에 의해 지켜졌다. 조선시대에는 승려의 도성출입이 금지되었을 뿐만 아니라 불교 탄압이 자행되었으므로 불사가 산으로 숨어들었기 때문에 오늘날 산사들이 많이 남아있게 되었을 것이다.

3) 가람이 지닌 상징성

모든 종교건축은 그 종교가 지닌 사상을 함축하여 상징적으로 표현하고 있다. 가람 역시 예외는 아니다. 우리나라에 조성되어 있는 대부분의 가람은 산지가람형의 양식을 나타내고 있다. 산지에 위치해 있는 가람은 수미산을 중심으로 하는 불교의 세계관에 따라 일정한 법칙성을 지니고 있다.

불교의 세계관에 따르면 세계의 중심에 수미산이 있고, 수미산 동쪽은 승신주, 남쪽은 섬부주, 서쪽은 우화주, 북쪽은 구로주라 하여 네 개의 국토가 있다. 우리가 살고 있는 곳은 수미산 남쪽에 있는 섬부주인데 이 곳 중앙에 있는 수미산으로 가기 위해서는 일곱 개의 산과 여섯 개의 바다를 건너야 한다. 이를 위해서 일곱 개의 산을 기둥으로 하는 다리를 놓아야 한다. 이렇듯 남섬부주에서 수미산으로 들어가기 위해서는 다리를 조성하여 건너간다는 것을 상징하기 위해 절마다 반드시

한 개 이상의 다리가 있는데 이것은 바로 불교의 세계관에서 바탕을 둔 것이다.

한편 남쪽 국토인 남섬부주에서 서쪽 국토로 가려면 육지가 없고 넓은 바다가 펼쳐져 있다. 산이 없으므로 바다를 건너려면 배를 타고 가야한다. 그러므로 서방의 극락세계를 반야용선을 타고 가는 그림에서 쉽게 이해할 수 있을 것이다.

송광사

통도사 반야용선도

이러한 불교의 세계관에서 국토의 배치를 통해 불상을 배치해야 한다. 곧 절의 법당은 주로 남쪽으로 향해 있어 석가모니불은 북쪽에서 남쪽을 바라보는 배치구조를 갖는다. 서쪽의 극락정토를 주재하는 아미타불은 석가모니불의 서쪽에 배치하고, 또는 아미타불 한 분만 계실 때에는 일반적으로 서쪽에서 동쪽을 바라보는 형상을 취한다. 동쪽의 약사여래불은 동방의 유리광국토의 주재자로서 석가모니불의 동쪽에 위치해 있다. 그러므로 석가모불의 좌우에 불상을 둘 경우 서쪽은 아미타불, 동쪽은 약사여래불이 배치된다. 비로자나불은 법신불이자 석가모니불의 본체로서 석가모니불과 같은 위치이거나 또는 석가모니불의 뒤편에 따로 전각이 마련된다. 미륵불은 석가모니불에 이어서 미래 세상에 남섬부주를 불국토로 완성하고자 하는 분이므로 석가모니불과 같이 북쪽에서 남쪽을 바라보는 배치구조를 가진다.

수미산은 아주 높은 산으로 이루어져 있으며, 육신을 가진 존재가 사는 곳 가운데서 가장 높은 곳이며, 깨달음으로 가는 하나밖에 없는 길이다. 수미산 정상에는 천상의 세계로 들어가는 입구가 있다. 이곳을 통과해야 궁극적인 깨달음의 세계에 도달할 수 있다. 그러므로 수행자는 수미산으로 들어가는 것이며, 절은 그 수미산의 모습을 상징적으로 나타낸 것이다.

그래서 일곱 개의 산과 바다를 지나 수미산 입구에 도달하면 일주문 · 사천왕문 · 불이문 세 문을 지나게 되어 있다. 일주문은 수미산이 시작되는 곳을 상징하는 곳으로 사찰입구에 배치되어 있다. 이 일주문 아래로는 인간 세상과 삼악도(축생, 아귀, 지옥)가 있으며, 위로는 천상세계가 존재한다고 한다. 일주문을 지나면 곧 사천왕문을 만나게 된다. 사천왕문은 수미산의 중턱지점이다. 수미산 중턱에는 모든 악귀와 사방세계를 다스리는 대왕인 4대 천왕이 동남서북의 방위에 따라 위치하여 악귀의 침범을 막고 있다. 이 수미산 중턱, 곧 사천왕문을 지나 최정상에 오르면 도리천이 나온다.

다시 수미산의 정상을 넘으면 육지의 세계를 지나 허공의 천상세계로 들어가는 불이문이다. 이제 더 이상 문은 없다. 부처님의 세계가 열린다. 이러한 불교적 세계관에 따라 삼문·탑·전각이 배치되어 가람을 이루고 있다.

2. 한국의 가람배치

가람의 배치 형식은 금당, 지형지세, 탑(1탑, 쌍탑)의 유무에 따라 분류한다. 여기서는 금당과 탑의 유무에 따른 가람배치 형식에 대해 알아보았다.

1) 삼국시대의 가람배치

고구려의 가람배치* : 1탑 금당식

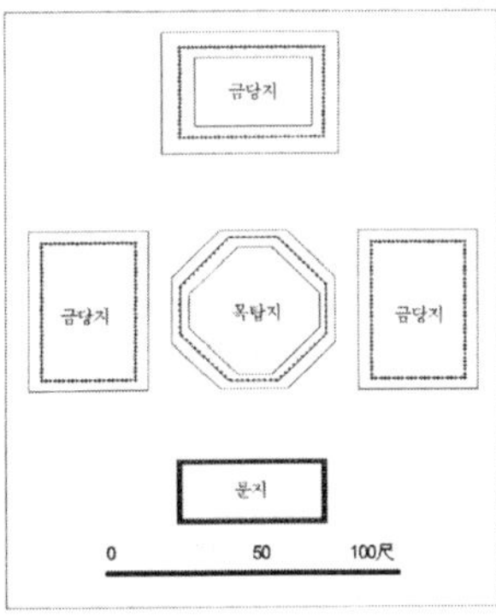

〈청암리사지 배치도〉

고구려에 불교가 공식 전래된 것은 소수림왕 2년(372), 전진(前秦)왕 부견이 스님 순도와 함께 경전과 불상을 보내면서부터이다. 2년 뒤인 374년에는 스님 아도가 들어왔다. 고구려에서는 이들을 위하여 375년 성문사와 이불란사를 짓게 되는데, 이것이 고구려 불사의 최초 기록이다. 그후 광개토왕 2년에는 평양에 아홉 개의 절을 창건하였고, 문자왕과 영류왕, 보장왕 때 가람이 건립된 기록이 보인다.

그러나 오늘날 그 사원들의 지상건조물이 남아 있지 않을 뿐만 아니라 확실한 위치조차도 알 수 없는 것이 대부분이다.

1938-39년에 두 차례에 걸쳐 평양 청암리사지가 조사되었고, 광복

---

* 분문에 인용된 가람배치도는 『한국의 불교미술』(홍윤식) 중 한국의 고대 가람배치를 참조하여 작성하였음.

후 북한에서 정릉사지를 발굴 조사하였다. 이에 의하면 중앙에 목탑지로 추정되는 팔각전지가 있고, 동·서·북편에 금당지로 추정되는 3개의 건물지가 확인되었다. 또 팔각전지의 남쪽에는 문지로 추정되는 건물지가 확인되었다. 즉, 중앙에 팔각의 목탑을 시설하고 동·서·북에 금당을 배치한 1탑 3금당의 가람배치 형식을 취하고 있다.

백제의 가람배치 : 1탑1금당식

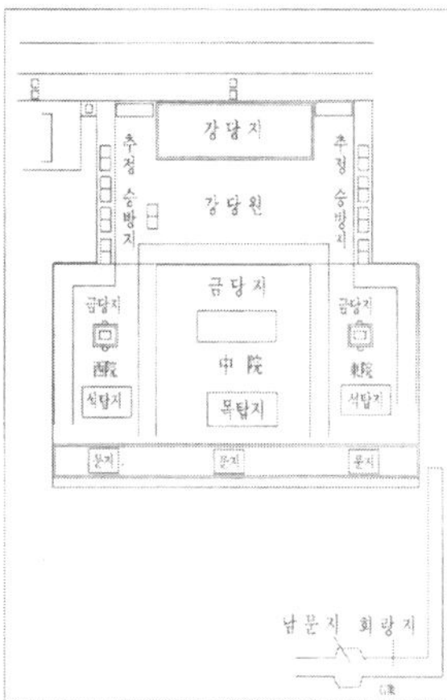

〈미륵사지 가람배치도〉

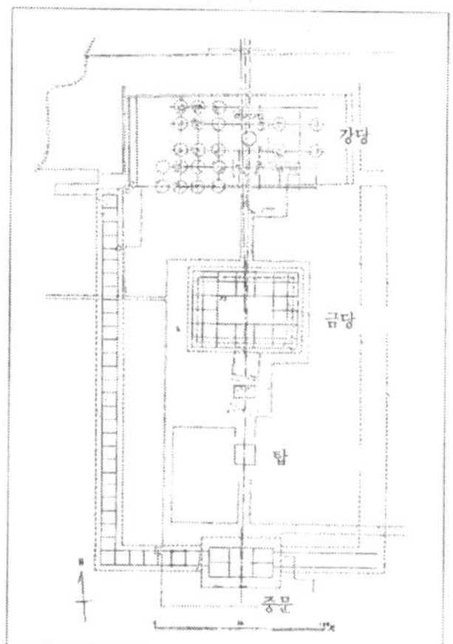

〈정림사지 가람배치도〉

불교가 백제에 들어 온 것은 침류왕 원년(384) 스님 마라난타에 의해서이다. 이듬해에 한산주에 불사를 창건하게 되는데 이것이 백제 가람의 효시라고 할 수 있다. 대체적으로 백제의 가람 분포는 공주 부여 익산 등을 중심으로 집중되어 있다. 백제의 경우를 보면 가람양식이 육조에서 전래된 1탑 1금당이었다. 그러니까 금당의 중심선에서부터 연장선상에 탑 하나를 세우는 배치가 된다. 부여의 정림사지, 금강사지, 동남리 폐사지 등이 이 배치를 따르고 있다.

7세기 전반에 창건된 미륵사지의 경우는 중문과 탑과 금당을 남북의 일직선상에 배치하면서 이중 회랑을 두르는 구조로 지었다. 중원에 큰 목탑을 세우고 동원과 서원에 석탑을 세워 3탑 3금당의 형식을 지니고 있다. 이러한 양식은 미륵하생사상*과 연관이 있다고 한다.

미륵사지에서는 예배공간과 설법공간이 분리되어 나타나며, 처음으로 가람에 석탑을 건립하였다.

신라의 가람배치

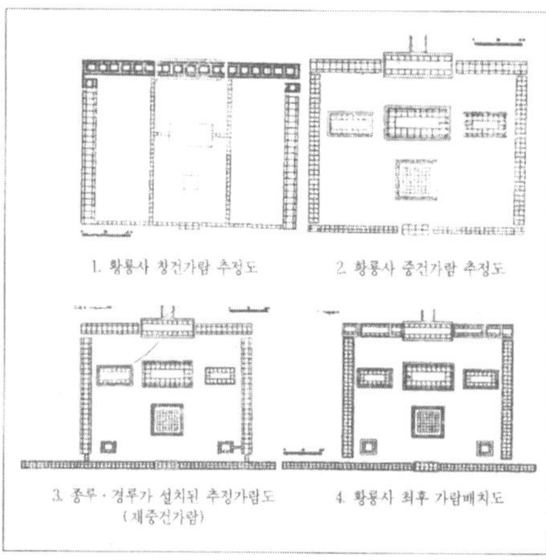

〈황룡사지 가람배치도〉

불교가 신라에 처음 전래된 것은 5세기 중엽으로 스님 묵호자에 의해서였다고 한다. 그 후 이차돈의 순교와 함께 법흥왕 14년(527)에 불교가 공인되어 최초로 흥륜사와 영흥사 등을 세웠으며, 이어 황룡사, 기원사, 실제사, 삼랑사, 분황사 등이 건립되었다. 이후 많은 가람이 건립되었지만 본격적인 발굴조사 등에 의해서 정확하게 가람배치가 알려진 것은 의외로 적다. 대표적인 가람으로 황룡사는 창건 때에는 1탑 1금당의 가람배치를 이루었으나, 645년 9층 목탑을 건립하면서 중건하였을 때는 1탑 3금당의 배치양식을 사용하고 있다.

---

* 미륵하생신앙 : 도솔천에 거주하던 미륵이 왕생하여 석가가 입적한지 56억 7천만년 후에 용화수 아래에서 3회의 설법으로 중생을 구제한다는 것이 미륵하생사상이다.

2) 통일신라시대의 가람배치

통일신라시대의 가람의 배치는 삼국시대 가람배치를 계승하면서 새로이 탑이 동·서로 두 곳에 서는 이탑식(쌍탑식)가람배치가 이루어진다. 통일 이후의 대표적인 가람인 감은사는 쌍탑 1금당의 배치를 하고 있다. 이러한 배치는 신라의 전형적인 가람배치 양식이라고 할 수 있다. 즉 사천왕사, 망덕사, 불국사, 화엄사 등은 금당 앞에 동·서 탑이 서 있는 일금당 쌍탑식가람으로 구성되어있다. 회랑으로 둘러싼 가람 전체의 모양은 남북으로 긴 장방형이 대부분이고, 때로 감은사에서처럼 정방형에 가까운 가람도 있다.

불국사를 예를 들면 '이불병좌(二佛併座)'라 해서 법의 영원성을 뜻하는 과거불인 다보불과 중생 구제의 영원성을 의미하는 현재불인 석가불이 나란히 앉았다는 의미로 석가탑과 다보탑을 나란히 세운 것이다.

그러나 신라 말기에 선종이 유행함에 따라 산지의 작은 계곡을 이용하거나 축대를 쌓아 시설했던 산지가람이 나타난다. 이러한 가람들은

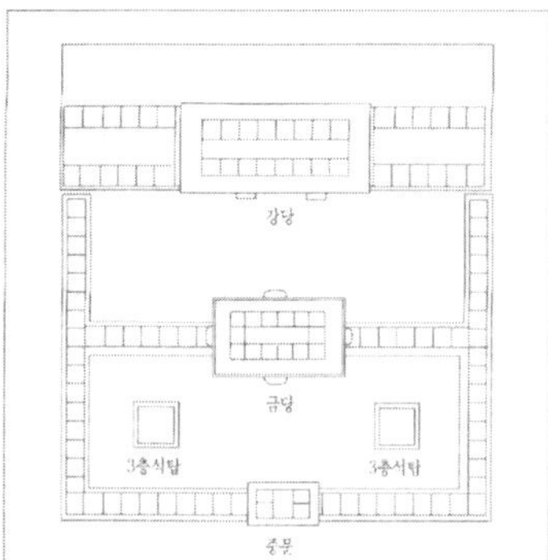

〈감은사지 가람배치도〉

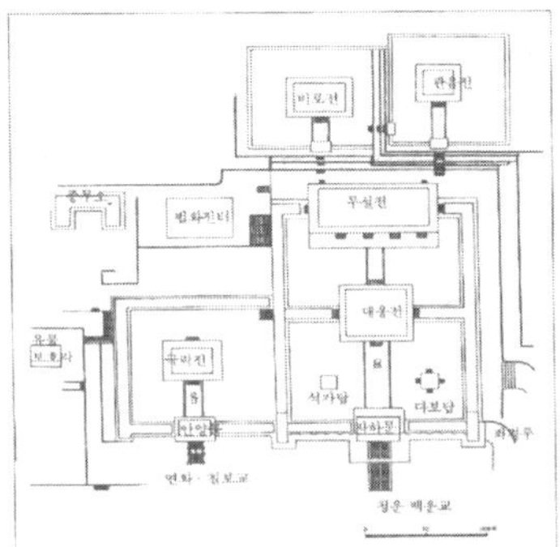

〈불국사 가람배치도〉

대칭의 규범을 깨뜨리거나 회랑을 시설하지 않고, 또 탑을 생략하는 등 평지가람에서 볼 수 있는 가람배치의 규범을 탈피하고 있다.

3) 고려시대의 가람배치

고려 건국 초부터 불교는 호국불교로서 국교가 된 만큼 많은 가람들이 건립되었다. 건국 초기에는 수도인 개경을 중심으로 가람이 건립되었지만 지방호족에 의한 건축도 많았으며, 이러한 과정에서 가람은 지방문화의 중심지 역할을 하였다. 또한 기존에 가지고 있던 수행처의 역할 이외에도 신자들의 거주공간이라는 새로운 공간구성을 보여주게 된다.

고려시대 가람의 배치는 삼국시대의 1탑 삼금당식, 1탑 일금당식, 그리고 통일신라시대의 쌍탑 일금당식 가람배치가 계승되었다.

무신집권기 정혜결사와 백련결사와 같은 신앙결사 운동이 진행되면서 가람의 공간구성은 불규칙적인 지형을 활용하였고, 다리가 설치되었으며, 계곡이 가람의 한 부분으로 공간구성을 하게 되었다.

또한 이 시기 우리나라 목조건축의 고유한 구조 양식이 완성되는데 이는 봉정사 극락전, 부석사 무량수전, 수덕사 대웅전과 같은 곳에서 찾아볼 수 있으며, 배흘림 기법과 주심포 양식으로 대표된다

4) 조선시대의 가람배치

조선은 개국과 더불어 국시로 채택된 숭유억불정책으로 불교는 위기를 맞이하게 되었다. 불교 행사의 폐지, 불교 종단의 통·폐합, 승록사 폐지, 도첩제 등 불교탄압 정책이 실시됨에 따라 조선 초기부터 불교는 극도로 쇠퇴하였다.

조선시대는 불교탄압으로 가람건축의 위축을 가져 온 것은 사실이지만, 초기에는 왕실의 원찰로 흥천사, 원각사 등이 건립되기도 하였다. 그러나 지방에서는 새로운 사찰의 창건보다는 기존의 사찰 안에 새로운 전각의 건립이나, 기존의 전각들을 보수・복원하는 데 중점을 두었다.

조선시대 불교종단의 통・폐합 정책과 승려들의 천인대접은 조선시대 후기까지 계속되어 후기에는 종명과 종파가 없는 통불교의 교단을 이루게 되었다. 불교의 명맥을 유지하기 위해 경전과 수행에 힘쓰는 승려와 절의 살림과 관아나 유생들이 요구하는 물품조달을 담당하는 승려 즉, 이판승과 사판승으로 나뉘어지게 되었으며, 승려의 수행이 선과 교와 염불의 3문으로 이루어지게 되어 사찰 안에 선방, 강당, 염불당을 갖추게 되었다.

조선시대 가람은 대웅전 중심의 단일 영역을 구성되는 것이 일반화됐다. 절의 중심은 하나의 공간을 둘러싸는 형식으로 북쪽에 대웅전, 동쪽에 선방, 서쪽에 승방, 그리고 남쪽에 강당인 누각을 세웠다. 상징적으로는 대웅전이 중심이 되지만 실제적으로는 4 건물로 둘러싸인 빈 마당이 중심이 된다. 남쪽에 놓이는 누각은 2층으로 구성되며, 아래는 출입구 위는 일반신도들의 집회소인 복합건물로 이용되었다. 조선시대 사찰 대부분이 산지에 자리했기 때문에 경사를 흡수할 수 있는 구조로 건축된 것이다. 또, 건물의 내부 공간이 확장되고 장식화 하는 경향이 강하게 나타나게 되었다.

3. 가람건축의 구성요소

1) 가람구조

우리나라 가람건축을 이루는 요소들을 살펴보기로 하자. 가람 형성에 중요한 위치를 차지하는 주요 불전(佛殿)으로는 대웅전 · 극락전(미타전) · 대적광전 · 화엄전 · 약사전 · 미륵전 · 관음전 등이 있다. 이들 불전이 대본산인 경우에는 종합사찰의 성격을 띠고 고루 갖추어져 있기도 하나, 대개 본전으로서 대웅전 · 극락전 · 대적광전 등이 대종을 이룬다.

둘째로는 옹호신중각(擁護神衆閣)을 들 수 있는데, 금강문 · 인왕문 · 사천왕문 등이 여기에 속한다. 이들은 대개 일주문 다음에 위치하여 모든 악귀를 몰아내 그 도량(道場)이 청정도량이라는 신성관념을 갖게 한다.

셋째, 명부전 · 칠성각 · 산신각 · 독성각 등 한국 가람 특유의 전각을 들 수 있는데, 이들은 한국불교의 토착화 과정을 일러주는 좋은 증거라 하겠다. 이들 전각에 모셔진 신앙의 대상은 불보살이 아닌 재래의 토착신이라는데 유의할 필요가 있다.

이들에 대한 신앙은 대승불교와 관련이 있다. 대승불교 시대가 되면 재래의 토착신들을 불법의 수호신으로 수용하여 이들에 대한 신앙형태를 불교적으로 전개시켜 나갔다. 예를 들면 명부의 시왕은 1차적으로는 불교 수호신으로 신중신앙에 참여하나 나중에는 다시금 시왕이 지니고 있던 원래의 모습인 명부의 심판관 성격이 강조된다. 그것을 불교화하여 이룩된 것이 명부전이다. 칠성도 일단 수호신으로 수용되었다가 다시 수명신인 칠성 원래의 모습이 강조되고 이를 불교화하여 칠성각이 이뤄진 것이다. 이 같은 신앙체계를 통해 볼 때 모든 재래의 토속신은 불교의 수호신으로서 수용될 수 있으며 이들이 다시 불교의 이름으로 원래의 모습을 되찾게 됨을 알게 된다.

한편 가람구조에서 지나칠 수 없는 또 하나의 요소는 승려의 수도도량으로서의 선원・염불당・강원 등이 있다.

가람의 건축 구성을 보면 복잡하고 건물의 장식이 화려하다. 불교의 경전을 보면 "꽃으로 장식하기, 탑 쌓아 바치기, 불상과 불단을 장엄하기" 등은 부처에 대한 최고의 경배라고 적고 있고 불상과 불전을 화려하게 장엄하기를 권장하고 있다. 실제로 대부분 가람의 건축물은 화려한 단청과 공포, 연꽃과 봉황, 용 등을 장식하거나 벽화로 장식하고 있다. 까닭은 조형적 감동을 통해서 종교적 진심을 끌어내기 위함이다. 이러한 건물의 장식이 지닌 상징성을 찾고 알아보는 것도 절을 보는 즐거움의 하나이다.

불교 건축은 매우 복합적이다. 절은 기본적으로는 대중에게는 불보살에 대한 경배의 공간이고 승려들에게는 수행의 공간이다. 고려시대에는 여기에 지역 사회의 문화 중심 역할까지 부가되었고, 교통중심으로서 여관과 시장의 기능도 가지고 있었다. 그런데 이 요구들은 쉽게 융화되기 어려운 성질들이다. 예컨대 시끄러울 수밖에 없는 대중용 예불공간은 청정한 수도원 기능과 상극일 수밖에 없다. 기능적 복합체로서 사찰이 구성되기 위해서는 여러 쓰임새들이 독자적으로 이루어질 수 있어야 한다. 예를 들어 대중적 예배영역, 승려들의 거주영역, 수행영역 등은 전체에 부속된 부분이라기보다는 그 자체로서 독자적인 기능을 가진 건축적 완결체이다.

2) 가람건축의 구성요소

당간지주(幢竿支柱) : 절의 시작을 알리는 경계

분황사 당간지주

용두사지 철당간

굴산사지 당간지주

통도사 석당간

당간지주는 당(幢)*을 걸기위한 쇠 통으로 된 긴 장대인 당간을 지탱하기 위해 세운 돌기둥(버팀돌)을 말한다. 당간이란 그림(당, 幢)을 거는 장대(竿)를 말한다. 당간지주는 일반적으로 절로 가는 길목이나 절 마당으로 들어가는 불이문과 해탈문 앞에 서있는 경우가 많으며, 신성한 곳, 절 또는 수미산이 시작된다는 경계를 나타내는 것이다.

다리(石橋) : 속세에서 부처세계로의 접근

통도사

산지 가람배치일 경우 대부분 일주문에 이르기 전에 석교를 지나게 된다. 석교(물)를 통과하게 되면 속세에서 벗어나 부처의 영역으로 접근하게 됨을 나타낸다. 초기 사찰의 평지배치에서도 인위적으로 금당(부처의 세계)에 접근하기 전 중문 앞에 연지(물의 공간)를 조성하여 속세와 경계의 영역을 암시하는 영역을 조성하였으며, 이곳을 통과하여 금당에 접근하게 된다. 황룡사지, 불국사, 감은사지, 정림사지 등 초기 평지 사찰배치에서도 중문앞에 인공적인 연못을 만들어 속세와의 경계를 암시하였다.

이 다리를 피안교. 해탈교, 열반교 등 다양한 이름을 붙이고 있는데 그 의미는 아무런 고통과 근심이 없는 불보살의 세계, 즉 열반과 해탈이 있는 저쪽 세계로 건너는 다리라는 뜻이다.

* 당(幢)은 부처님의 위신력을 나타낸 커다란 그림이나 괘불을 말한다. 보통 절에 법회나 큰 행사가 있을 때 그것을 알리기 위해 당을 건다.

문(門)

절에 가면 일주문, 천왕문, 불이문, 종루 등의 여러 문을 통과하게 된다. 문의 통과는 성격이 다른 공간으로 접근이자, 공간의 연속성을 암시한다. 주공간(대웅전)에 이르기까지 몇 개의 문과 공간을 통과하면서 불교 신도들의 마음을 더욱 경건하게 하는 의미도 있다.

가. 일주문(一柱門)

사찰에 들어서는 산문(山門)중 첫 번째 문이며 절의 이름이 적힌 현판이 걸려있다. 네 기둥을 세우고 그 위에 지붕을 얹는 일반적인 가옥형태와는 달리 일직선상의 두 기둥 위에 지붕을 얹는 독특한 형식을 갖추고 있기 때문에 일주문이라 한다. 이것은 사찰에 들어가기 전에 흐트러진 마음을 하나로 모아 일심(一心)으로 진리의 세계로 향하라는 상징적인 가르침이 담겨있다. 이 문을 기준으로 승과 속, 세간과 출세간, 생사윤회의 중생계와 열반적정의 불국토가 나누어진다.

범어사 일주문

통도사 일주문

나. 금강문(金剛門)

금강문은 일주문과 천왕문 사이에 세워지며 절에 따라 인왕문(仁王門)이라고도 한다. 부처님의 가람과 불법을 수호하는 두 분의 금강역사가 지키고 있는 문으로, 금강역사는 인왕역사라고도 한다. 왼쪽에 입을 벌린 모습이 밀적금강(密蹟金剛), 오른쪽에 입을 다물고 서 있는 상은 나라연금강(那羅延金剛)이다. 이들은 불법을 훼방하는 사악한 세력을 경계하기 위해 상체를 벗고 매우 역동적인 자세를 취하고 있다. 사천왕문을 대신하여 금강문이 있기도 하고, 금강문과 사천왕문이 같이 있는 경우도 있으나 금강문이 없는 경우도 많다.

쌍계사 금강문

금강역사상

금강역사상

다. 천왕문(天王門)

화엄사 천왕문

일주문을 지나면 두 번째 관문인 천왕문을 만나게 된다. 천왕문은 모든 귀신들의 왕이고 불법을 수호하는 힘을 가진 하늘의 왕이 있는 문을 말하며, 4

명의 왕을 사천왕, 사대천왕, 호세사천왕이라고 한다. 사천왕은 동·서·남·북의 네 방위의 세계를 다스리는데 각 방위에 따라 역할과 내용이 다르다. 사천왕은 지니고 있는 지물(손에 들고 있는 물건)과 피부색으로 구별하지만 시대에 따라 사찰마다 약간의 차이가 있다. 사천왕은 수미산 중턱에서 천상계를 지키는 존재이다. 그러므로 천왕문은 수미산의 중턱을 의미하는 것으로 천상계가 시작되는 곳이다.

사천왕상

사천왕상

사천왕 요약표(조선시대)

방위	이름	지물	피부색	역할
동	지국천왕	비파	청색	선한 이에게 복, 악한 자에게는 벌을
서	광목천왕	용. 여의주	백색	악인에게 고통을 주어 도심을 일으키게 함
남	증장천왕	삼지검. 칼	적색	만물을 소생시키는 덕을 베풂
북	다문천왕	탑	흑색	어둠속을 방황하는 중생구제

라. 불이문(不二門). 해탈문(解脫門)

불이문은 해탈문이라고도 한다. 불이(不二)란 둘이 아닌 경계를 말하며 절대 차별 없는 이치를 나타내며 이 문을 들어서면서 부처님의 이치를 깨우치라는 뜻이다. 사찰에 따라 불이문은 없고 경내에 조그마하게 해탈문을 따로 둔 곳도 여럿 보인다. 즉 수행자가 일주문, 천왕문,

불이문에 이르면 목적이 바로 부처님의 세계를 찾아오도록 하기 위한 것이다. 불이문을 통과하면 부처님의 세계를 불전에서 만나게 된다.

통도사 불이문

전각(殿閣)

한국 가람 내의 전각은 삼보신앙의 소산이며, 나아가 3단신앙(불보살-상단, 옹호신중-중단, 토착신-하단)의 표상이다. 전각들은 불보신앙을 중심으로 하는 상단신앙을 나타내는데 그 안에 불상·보살상이 봉안되어 있다.

범종각(梵鐘閣)

해탈문인 불이문을 지나 불국정토로 들어오는 구도자를 환영하기 위해 주악을 연주하는 범종이 있는 건물이다. 종각이라고 하고, 이층의 누각인 경우에는 범종루, 종루라고 한다. 마지막 문인 불이문에 들어서면 법당 쪽에서 오른쪽에 자리하고 있다. 범종각에는 범종을 비롯해 법고, 목어, 운판 등 불교의 법전사물을 함께 설치하기도 한다. 이들은 중생의 교화를 상징하는 불구로 예불의식 때 사용된다.

통도사 범종각

대웅전(大雄殿)

백양사 대웅전

한국 사원에서 가장 많은 불전으로 일명 대웅보전이라고도 한다. 석가모니불을 주불로 봉안하고, 그 협시로 문수·보현보살을 봉안한다. 대웅보전이라 할 때에는 주불로 석가모니불, 좌우에 아미타불과 약사여래를 모시며, 그 여래불 좌우에 제각기 협시불을 봉안하기도 한다.

대웅전이 석가모니불을 주불로 삼는 이유는 그것이 석가모니의 법회 모임인 영산회 모임 즉 영산회상을 나타내고 있기 때문이다.

극락전(極樂殿, 무량수전, 미타전, 수광전)

서방극락정토의 교주인 아미타여래를 주존으로 하고 그 협시로 관음보살과 대세지보살을 모신 법당이다. 아미타전은 아미타여래의 법회인 미타회상을 상징화한 것이다.

약사전(藥師殿, 유리광전, 보광전, 만월보전)

동방유리광세계의 교주인 약사여래를 주불로 모시고 그 협시로 일광보살과 월광보살을 모시기도 한다. 약사여래의 정토인 동방약사유리광회상의 모습을 나타낸 것이다.

대적광전(大寂光殿, 비로전, 대광명전, 화엄전, 대광전, 보광명전)

비로자나불을 본존으로 모신 전각이다. 화엄경에 근거한다는 뜻에서 화엄전, 화엄경의 주불인 비로자나불을 모셨다는 뜻에서 비로전, 화엄경의 세계가 연화장세계, 즉 대정적의 세계라는 뜻에서 대적광전이라고도 한다. 주불로 법신불인 비로자나불을 모시고 좌우에 화신불로 석가모니불과 보신불로서의 아미타여래를 봉안한다. 더불어 화신불과 보신불의 좌우에 문수와 보현, 관음과 대세지보살을 협시로 봉안하기도 한다. 그러므로 대적광전은 불전 중에 가장 큰 규모가 된다.

기림사 대적광전

영산전(靈山殿, 팔상전)

석가모니불과 그의 일대기인 팔상탱화를 봉안한 불전을 말한다. 영산이란 석가모니불의 설법회상인 영산회상의 준말이며, 팔상이란 석가의 생애를 여덟 구분한 것을 뜻한다. 팔상전에는 주불로 석가모니불, 좌우협시불로 상리보살과 미륵보살을 봉안한다. 영산전과 같은 성격의 것으로 법주사의 팔상전이 있다.

금산사 미륵전

미륵전(彌勒殿, 용화전, 자씨전)

미륵불의 회상은 그 자체가 용화세계이므로 용화전이라 한다.

관음전(觀音殿, 원통전, 대비전, 보타전)

봉정사 원통전

관세음보살을 주불로 봉안하였고, 협시로는 남순동자·해상용왕을 들 수 있으나 이들은 조상하지 않고 후불탱화에만 나타내고 있다.

명부전(冥府殿, 지장전)

일명 지장전. 지장보살을 본존으로 하고 협시로 도명존자와 무독귀왕을 배열한다. 그 좌우에 명부시왕상을 배열하고 있다. 그래서 지장이 강조될 때에는 지장전이라 하고 명부시왕이 강조될 때에는 명부전이라 한다.

응진전(應眞殿, 나한전)

석가모니불을 주불로 하고, 미래불인 미륵불, 과거불인 연등불의 삼세불과 함께 석가모니의 직제자 가운데 정법을 지키기로 맹세한 16나한을 모시거나 석가모니가 입멸하신 후 생전의 가르침을 정리하고 편집하기 위한 모임인 경전결집에 참여했던 500나한을 모신 건물이다.

'나한'이란 인도의 옛말 아르하트에서 온 말로 '아라한' 또는 줄여서 나한이라고 하는데 뜻으로 옮겨 '응공, 무학, 응진'이라고도 한다. 본래는 존경 받을만 한 분, 공양 받을 만한 분이라는 의미로 석가모니도 처음에는 '아라한'이라 불렸다 한다.

조사당(조사전, 국사전, 조당, 불조전)

통도사 개산조당

선종사찰은 조사에 대한 신앙이 강하기 때문에 조사의 사리탑인 부도를 건립하고 조사당을 지어 역대 조사들의 영정을 봉안한다.

산신각

영국사 산신각

산신은 원래 불교와 관계없는 토착신이었으나 불교의 재래신앙에 대한 수용력에 의해 먼저 호법신중이 되었다가 다시 원래의 성격을 불교 안에서 되찾게 되었다. 산신각은 호랑이와 노인상으로 표현하고 탱화로 그려놓았다. 가람 수호신의 역할을 한다.

칠성각

칠성은 수명장수신인 북두칠성을 뜻한다. 중국의 도교사상이 불교와 융합하여 나타난 것이다. 이 칠성각에는 불교에서 수명을 주관하는 약사여래를 주존으로 하고, 칠성의 화현인 7여래 등을 탱화로 그려 봉안하고 있다.

독성각

독성이란 스승 없이 혼자 깨우친 성자, 즉 독수선정(獨修禪定)의 수행 결과 깨달은 성인을 말한다. 독성각에는 16나한 중 빈도라발라사, 즉 나반존자를 모신다.

나반존자는 부처의 명을 받아 열반에 들지 않고 남인도의 마리산에 있으면서 불멸 후의 중생을 제도한다고 한다. 나반존자를 모신 전각은 우리나라에만 있다.

삼성각

통도사 삼성각

산신 · 칠성 · 독성을 한 전각에 봉안한 것이다. 이 경우 재래의 수 복 재(壽 · 福 · 財)의 3신 신앙이 불교와 합쳐서 생긴 신앙형태이다. 그러나 통도사의 삼성각은 고려말의 지공화상, 나옹화상, 그리고 무학대사의 영정을 모시고 있다. 기타 가람각, 용왕각, 수각 등이 있다.

이상의 전각을 다시 분류하면 각 전에 해당하는 건물은 상단으로 가람의 중앙에, 나한전 영산전 관음전 등은 중단으로 불전의 전면에, 나머지는 하단으로 불전의 후면에 위치하고, 상단 좌우에는 선원 강원이 위치한다.

요사채 (심검당. 적묵당. 설선당. 향적전. 육화당).

승려들이 식사를 마련하는 부엌과 식당, 잠자고 쉬는 공간을 아울러 이르는 말이다. 또한 기도하러온 신도들이 잠깐 쉬고 음식을 먹을 수도 있는 공간이다. 이곳에는 창고 · 우물 · 장독 · 세탁시설 등 생활에 필요한 모든 시설이 한데 모여 있다. 대표적인 명칭으로는 심검당(尋劍堂) · 적묵당(寂默堂) · 설선당(說禪堂)을 들 수 있다. 심검당은 지혜의 칼을 갈아 무명(無明)의 풀을 벤다는 뜻이고, 적묵당은 말없이 참선한다는 뜻이며, 설선당은 강설과 참선을 함께 한다는 말이다. 이밖에 향적전(香積殿)은 향나무를 땔감으로 하여 법당에 올릴 공양을 짓는다는 뜻이고, 염화실은 조실스님이나 큰스님이 머무르는 곳이다. 요사체는 옛날에는 법당 뒤쪽에 지었으나 후대로 갈수록 법당 좌우 또는 앞에 지어진 것이 많으며, 지금은 필요한 공간에 짓는 경우가 흔하다. 성격상 법당보다 격이 낮아 규모가 작고 꾸밈도 소박하다. 일반 한옥처럼 넓은 툇마루를 달기도 하고, 더러는 누각이나 2층으로 꾸미기도 한다.

통도사 금강계단

〈알아보기〉

적멸보궁(寂滅寶宮)

적멸보궁은 부처님의 진신사리를 모신 전각을 말한다. 우리나라에는 신라의 승려 자장이 당나라에서 돌아올 때 가져온 부처의 사리와 정골(頂骨)을 나누어 봉안한 5대 적멸보궁이 있다. 양산 통도사, 강원도 오대산 중대의 월정사, 설악산 봉정암, 태백산 정암사, 사자산 법흥사 적멸보궁이 그것이다. 통도사 금강계단에는 석가모니부처의 정골과 지절(指節), 치아사리, 그리고 금란가사가 봉안되어 있어 불보종찰이 되었다. 태백산 정암사 적멸보궁은 다른 네 곳과는 달리 임진왜란 때 유정이 왜적의 노략질을 피해 통도사의 진신사리를 나누어 봉안한 곳으로 산 위에 수마노탑(보물 410호)이 있다.

금강계단 (金剛戒壇)

'금강계단'이란 부처님의 계율을 받는 단을 이야기하는 것이다. 특별히 금강계단이라고 부르는 것은 계를 지키는 마음이 금강과 같이 굳건하여 자칫 파계하는 일이 없기를 기원하는 의미가 깃들어 있다고 할 수 있다. 곧 반야의 지혜는 모든 번뇌, 망상과 미혹의 뿌리를 깨뜨릴 수 있기에 이 반야의 지혜를 금강석 같다고 표현한 것이다. 불보사찰로 추앙받는 우리나라의 통도사에는 불사리를 봉안한 금강계단이 설치되어 있는데, 역대의 큰스님들이 이 계단에서 계를 받고 출가자가 되었으며 지금도 많은 스님들이 배출되고 있다. 그리하여 '통도사'라는 명칭 자체도 "출가코자하는 승려는 모두가 이 계단을 통하여 득도한다"(爲僧者 通而度之)는 의미에서 '통도'라고 했다.

4. 가람건축양식

1) 지붕양식

우리나라의 지붕은 주변에서 쉽게 구할 수 있는 재료로서 종류에 따라서 초가, 와가(기와지붕), 너와지붕, 돌지붕, 새지붕 등으로 분류된다. 또한 지붕은 건물의 기능과 용도에 따라서 치장정도에 차이가 있다. 지붕 상부의 용마루 양편에 치미나 용두, 망와 등 형상화된 동물 모양의 기와를 올리거나, 합각면에 부적형상이나 동물형상, 내림마루 상부에 잡상, 선인 등의 조각, 추녀에 토수를 끼우거나 귀면와 등으로 장식하여 모든 재앙, 특히 화마(火魔)로부터 건물을 보호하는 내적인 의미와 건물의 격을 높이는 역할을 하게 된다.

지붕에서 서까래의 결구는 부채살을 편 선자(扇子)형을 하고 있다. 처마는 홑처마와 겹처마로 분류되며, 겹처마는 부연이라는 부재를 사용하여 지붕의 깊이와 지붕의 화려함을 강조하게 된다.

기와는 일반적으로 암기와와 숫기와로 형성되며, 암기와와 숫기와는 다시 기와의 마구리면을 막아 여러 가지 문양으로 장식된 암막새, 숫막새 기와가 있다. 특정 건물을 위해 기와에 명문을 새기거나 건물의 용도에 따라서 다양한 문양으로 장식하였는데, 여러 가지의 문양(특히 민가에서는 도깨비 형상의 인물화, 불의 모양)에는 주술적인 의미가 함축되어 있다.

기와지붕의 형상에 따라서 맞배지붕, 팔작기와지붕(합각지붕), 우진각지붕, 육모(팔모)지붕이 주류를 이루며, 드물게 정자형, 원형, 두 형식의 조합형 등으로 분류된다.

(1) 맞배지붕

기림사 대적광전

가장 간단한 형식으로 주심포 양식에 많이 쓰이며 처마 양끝이 조금씩 올라가고 측면은 대부분 노출되는 구조미를 이룬다. 수덕사 대웅전, 무위사 극락전, 부석사 조사당, 개심사 대웅전, 선운사 대웅전 등이 있다.

(2) 우진각지붕

지붕면이 전후좌우로 물매를 갖게 된 지붕양식으로 지붕면 높이가 팔작지붕 보다 높다. 해인사 장경판고 등이 있다.

(3) 팔작지붕

가장 아름다운 구성미를 지닌 지붕으로 곡면이 특이하며 많은 절의 전각지붕이다.

불국사 대웅전

극락전 측면

(4) 사모지붕

불국사 관음전

현존하는 사찰 건축에서는 보기 어려운 구조로 불국사 관음전이 있다.

(5) 丁자형 지붕 ; 두 개의 지붕이 정자형으로 붙은 형태

고운사 고불전

이외에도 완산 송광사 범종루에서 보이는 십자형지붕이나 정자에 흔히 보이는 육모·팔모지붕양식이 있다.

2) 공포양식

지붕의 무게를 기둥으로 전달하는 부재료로서 기둥으로부터 처마까지의 시선의 흐름을 원활히 해주며 시대구분에 매우 중요한 요소이다. 주심포 양식, 다포 양식, 익공 양식과 일부 남아 있는 하앙 양식이 있다.

(1) 주심포 양식

주심포 양식은 기둥 상부에만 공포가 결구되는 양식이다. 기둥과 기둥을 결구하는 창방의 부재가 있으며, 공포의 하중은 기둥에 바로 전달된다. 기둥위에 주두를 놓고, 그 윗부분에 제공과 첨차가 수직으로 결구 되며, 지붕의 규모에 따라서 첨차와 소로를 번갈아 결구하여 여러단을 형성하여 출목수를 이룬다.

전통 목조 건축의 가구 형식중 가장 오래된 형식으로 소박한 느낌을 준다. 배흘림 기둥에 간단한 맞배지붕을 하고 있다.

대표적인 건물로는 고려시대 건축물인 봉정사 극락전, 부석사 무량수전, 수덕사 대웅전, 무위사 극락전이 있다.

부석사 무량수전

수덕사 대웅전

(2) 다포식 양식

다포양식은 기둥과 기둥을 결구하는 창방위에 두꺼운 평방을 더 올려놓으며, 그 상부에 주두가 놓이며 기둥상부뿐만 아니라 기둥과 기둥 사이에도 공포가 결구 되어 형성된

다. 다포의 부재는 주심포에 비해 섬세함은 떨어지나 주심포 양식보다 상당히 번잡하며 건물이 화려하게 느껴지며 팔작지붕이 대부분이다. 조선 중기이후 건물이 주류를 이룬다.

(3)익공 양식

조선초기에 주심포양식을 간략화 한 것으로 기둥위에 새 날개처럼 첨차식장식을 하여 장식효과와 주심도리를 높이는 양식이다.

(4)하앙 양식

하앙 양식은 처마를 들어올리고 처마를 깊게 돌출시키기 위해서 발단된 양식으로 지렛대의 원리를 이용하여 지붕서까래와 도리 밑에서 건물 안으로부터 밖을 길게 뻗어 나와 처마를 받쳐주는 데 사용되었다.

3) 기둥양식

기둥은 지붕의 하중을 기단부에 전달하는 역할을 한다. 대개 기둥은 단면형태(기둥깎는 기법)에 따라 원형 혹은 방주(사각기둥)를 사용한다. 원형은 다시 원통형 기둥, 배흘림 기둥, 민흘림 기둥으로 분류할 수 있으며, 신라와 고려시대에는 주로 배흘림기둥을 많이 사용하고 있다. 원형

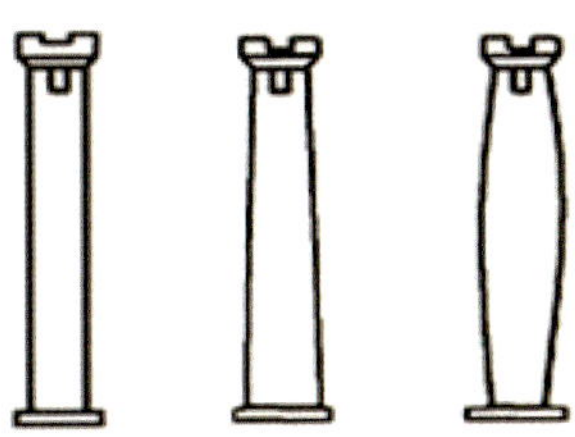

<원통기둥 민흘림기둥 배흘림기둥>

기둥은 그 사용처가 궁궐이나 사원 등으로 제한되었으며, 사각기둥 일반 건축이나 장식이 덜한 건물에 사용되었다. 그러므로 기둥의 형태로 건물의 격을 알 수 있다. 또한 기둥의 위치에 따라서 건물 외부의 기둥은 외진주(바깥기둥), 내부의 기둥은 내진주(안기둥)로 칭한다.

4) 기단양식

기단은 건물, 탑 기타 이와 유사한 축조물의 지면을 일반지면보다 높게 흙을 쌓아서 축조하거나 주위지면을 깎아내서 낮게 한 것을 말하며 지단(地壇) 또는 지대(地臺)라고도 한다.

가구식 기단

적초식 기단

한국 기단의 주류

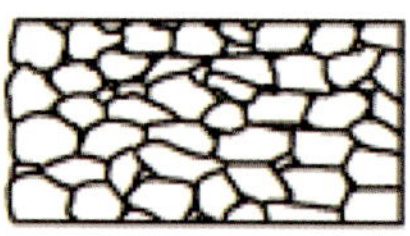
막돌막쌓기

납작돌수평줄눈쌓기

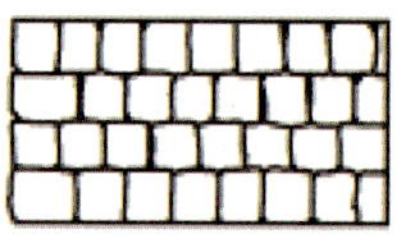
사고석쌓기

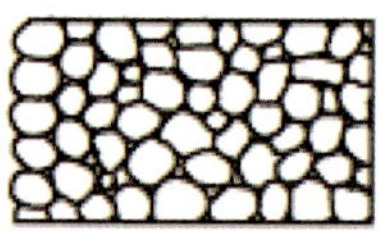
개울돌막쌓기

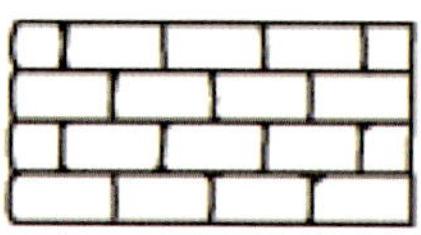
이고석쌓기

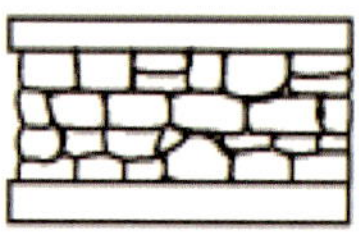
상하장대식막돌면석

견치돌빗쌓기

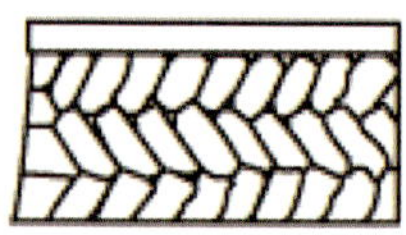
빗쌓기

기단은 땅의 습기로부터 건물을 보호하는 일차적인 기능이 있으며, 기단의 높이와 치장 정도에 따라서 건물의 격을 달리한다. 기단의 크기는 보통 건물크기나 격식 또는 주위 환경에 따라 조절된다.

기단은 그것을 쌓는 재료에 따라 토단, 토축기단, 전축기단, 석축기단으로 나누는데 토단은 주로 서민들의 주택에 사용되었다.

쌓는 방법에 따라 단순하게 돌들을 차곡 쌓는 방법의 적초식기단과 가구식기단으로 나눈다. 가구식기단은 지면위에 긴돌로 된 지대석을 눕혀 깔고 그 위에 넓고 평평한 면석을 세우고 그 사이를 기둥모양의 멍주석을 세우고 그 위에 갑석을 덮어 마감하는 방법이다.

5)초석(주춧돌)양식

초석은 기둥의 무게를 기단부에 전달하는 매개체이면서 땅의 습기로부터 기둥을 보호하는 역할을 한다. 초석은 막돌초석(덤벙주초)과 다듬돌초석(가공주초)로 나눈다. 신라시대의 초석은 대부분 사면을 다듬고 기둥 놓일 부분을 기둥의 모양대로 원형, 사각형, 팔각형 등으로 도듬하게(쇄시리) 가공하였다. 후대에 오면서 자연석의 상부만 가공하였거나 인위적으로 가공하지 않고 생긴 그대로 자연석을 사용하면서 기둥의 하부를 자연석 모양대로 다듬질(그랭이질)하여 기둥을 올렸다. 막돌초석(덤벙주초)은 조선시대에 많이 사용된 것으로 자연에서 채취한 적당한 크기의 돌을 그대로 사용한 것이다.

Ⅱ. 불상

1. 불상(佛像)의 기원

1) 불상의 기원

불상이란 불교 교리에 의한 예배의 대상을 표현한 조각상을 말한다. 넓은 의미로서 불상은 여래상, 보살상, 신중상, 나한상, 조사상 등 불교 상형의 제반 조각물을 일컫는 말이며, 좁은 의미의 불상이란 부처의 상 즉, 여래상만을 가리키는 말이다.

인도에서 인체의 형상을 빌려 불상이 조성된 시기는 1세기 경 쿠샨 왕조시대이다. 그러니까 석가모니의 입멸 이후 약 500년 동안은 불상이 만들어지지 않은 것이다. 그 동안에는 여러 가지 상징적인 형태로 부처를 표현하였는데, 이러한 단계를 무불상(無佛像) 표현 시대라고 한다.

예를 들어 꽃은 석가모니의 탄생을, 보리수는 해탈을, 법륜은 불법을 설하여 바퀴가 굴러가듯 사방에 영원히 전파된다는 의미로, 불탑은 열반의 상징으로서 신앙되었다. 그리고 석가모니의 존재는 불족(佛足)이나 빈 의자・사자상으로 표현되었고, 석가모니의 사리나 치아는 석가모니의 진신 그 자체로서 숭앙되었다.

불교 교리의 발달로 부처의 성격이 구체화되어 응신불, 보신불, 법신불의 삼신불 사상이 등장하고, 부처로 석가모니 부처만 아니라 그 이전의 과거 7불(연등불, 다보불), 아미타불, 약사여래 등 수많은 부처가 등장하게 되었다.

인도에서 처음 불상이 발생한 지역은 간다라 지방으로 그리스 조각의 영향을 받아 석가모니의 형상을 조각하게 되었다. 이를 간다라 양식이라 한다. 이후 인도 중북부의 마투라(Mathura) 지방에서도 이전부터 전해 오는 인도 고유의 전통을 이어 인도식 양식으로 불상이 제작되었다(마투라 불상). 이러한 인도의 불상은 굽타(Gupta) 시대에 이르러서 가장 이상적인 형태의 불상 표현이 이루어졌다.

인도의 불교문화가 동남아 지역과 서역과 중국으로 전파됨에 따라 불상도 아울러 유포되어 제작되었다. 서역은 동서 무역의 길목으로서 여러 지역적인 요소, 즉 인도 · 티베트 · 이란의 요소에 서역의 지역적인 특성이 혼합되어 불상이 조성되었다. 그리고 돈황을 거쳐 중국으로 접근할수록 중국적인 요소가 강하게 반영되어 발전하였다.

중국에 불교가 전해진 것은 1세기경의 후한시대이지만, 5세기 후반까지의 북위시대의 불상에는 서역이나 간다라의 영향이 강하였으며, 6세기에 들어서서부터는 좀 더 중국화된 불상 조각이 발달하였다. 당(唐)대에 이르러서는 중국 불상 조각의 완성기를 맞이하게 되었다.

불교가 처음 우리나라에 전해진 것은 삼국시대이다. 새로운 종교의 전파와 함께 전해졌을 불상은 절에 안치되거나 승려들에 의하여 예배되었을 것이다. 그리고 곧 고구려나 백제에서도 자체적으로 불상을 만들게 되었을 것이다. 초기에는 대체로 중국식 불상 양식을 모방하거나 그 영향을 크게 받았을 것으로 짐작된다. 현존하는 삼국의 불상 중에서 6세기 이전으로 올라간다고 보이는 확실한 예는 알려져 있지 않다. 다만 국립중앙박물관에 소장된 '연가7년명 금동불 입상'의 연대를 539년으로 추적하여 삼국시대 불상으로 보고 있다.

연가7년명 금동불입상(국립중앙박물관)

2) 불상 조각의 기준 : 32길상 80종호

절에 가서 불상을 보면 몸은 황금색이고, 머리 가운데는 혹처럼 불룩하고, 귀는 어깨에 닿을 듯 기다랗고 머리는 곱슬머리로 표현되어 모든 불상이 비슷하게 보인다. 인체의 형상을 빌려 불상이 표현되었다고 하였으나 보통 사람들의 모습과는 많이 다르다.

석가모니는 역사적인 인물이었으나 대승불교시대에 이르면 석가모니는 초역사적 초인격적인 존재가 되었다. 그러므로 1세기경 불상을 제작할 때 부처는 보통 인간과 다른 절대적 존재로서의 특색을 구비한 존재가 되었다. 이러한 절대성, 신성성을 지닌 부처를 표현하기 위해 32길상 80종호라는 특징을 만들었다. 이를 약하여 상호(相好)라고도 한다.

불상은 대부분 대좌(臺座) 위에 놓이며 상 뒤에는 광배가 있어 장엄의 효과를 더해 준다. 광배는 머리에 있는 두광이나 몸 뒤에 있는 신광으로 구성되고, 주변이 화염문(불꽃무늬)으로 장식되어 부처의 신성함을 강조하여 준다. 또한 광배에는 조그마한 화불(化佛)이 있어 여러 형태로 변화되어 나타나는 영겁의 불타 세계를 상징하기도 한다.

32길상(吉相)

32길상은 모두 전생의 선행의 결과 나타난 것이다. 그러므로 32길상은 불상표현에 있어 기본이 되는 것이다. 32길상을 열거한 경전은 20여종이 된다고 하며, 각각 내용에 차이가 있다. 『중아함경(中阿含經)』, 『방광대장엄경(方廣大莊嚴經)』에 기술된 내용을 보면 다음과 같다.

1. 정수리에 살이 솟아 오른 육계가 있다.
2. 소라 같은 머리칼이 오른 쪽으로 감겨 돌며 그 빛은 검푸르다.
3. 이마가 넓고 평평하며 바르다.
4. 눈 사이의 터럭(털)은 오른 쪽으로 밀어 붙어 있으며 길이는 1장 5척이고 희기가 흰 눈과 같다.
5. 속눈썹이 소의 그것과 같다.
6. 눈은 검푸른 색이다.
7. 40개의 이가 있다.
8. 이가 조밀하고 가지런하여 성글지 않다.
9. 이가 군도화처럼 희다.

10. 부처의 음성은 깊이가 우레가 같고 맑아 멀리까지 들린다.
11. 맛 중에서 가장 좋은 최상의 맛을 본다.
12. 혀가 부드럽고 얇으며 크고 넓으며 내놓으면 얼굴 전체를 덮는다.
13. 볼(의 통통함)이 사자와 같다.
14. 두 어깨가 둥글고 원만하다.
15. 몸의 길이가 육촌이다.
16. 앞가슴이 사자왕의 가슴처럼 위용이 있다.
17. 네 어금니가 무척 희다.
18. 피부가 부드러우며 곱고 매끄러운 자마금빛이다.
19. 몸이 바르고 곧다.
20. (몸을 바로 직립하여)손을 내려뜨리면 무릎을 지날 정도로 길다.
21. 몸의 각 부분이 원만해서 니구타나무와 같다.
22. 하나하나의 털구멍에 털이 하나씩 있으며, 털은 푸른색이다.
23. 몸의 털이 오른쪽으로 말리면서 위로 향한다.
24. 부처의 음상은(말이나 코끼리의 그것처럼) 감추어져 나타나지 않는다.
25. 넓적다리가 가지런하고 길다.
26. 창자가 이니사슴왕 같다.
27.복사뼈가 둥글고 바르며 발가락이 가늘고 길다.
28. 발등이 솟아올라 있다.
29. 손발이 부드러우며 곱고 매끄럽다.
30. 손가락/발가락 사이에 모두 막이 있다.
31. 손발바닥 가운데 각기 바퀴 모양이 있는데 바퀴테가 잘 갖추어져 있으며, 천 개의 바퀴살이 있고 반짝 거린다.
32. 발바닥이 편평하고 반듯하여 두루 땅을 편하게 한다.

이러한 불상 표현의 도상적 규범은 인도에서 성립되어 발전되어 왔다. 그러나 불교와 불교 미술이 서역과 중국을 거쳐서 우리나라에 들어오는 동안 새로운 의미의 도상이 첨가되거나 지역적인 특성이 반영되어 약간씩 변모된 불상들이 유행하게 되었다.

3) 불상의 기본 명칭

부처님 신체의 부분 명칭, 알고 나면 기억하기 쉽다.

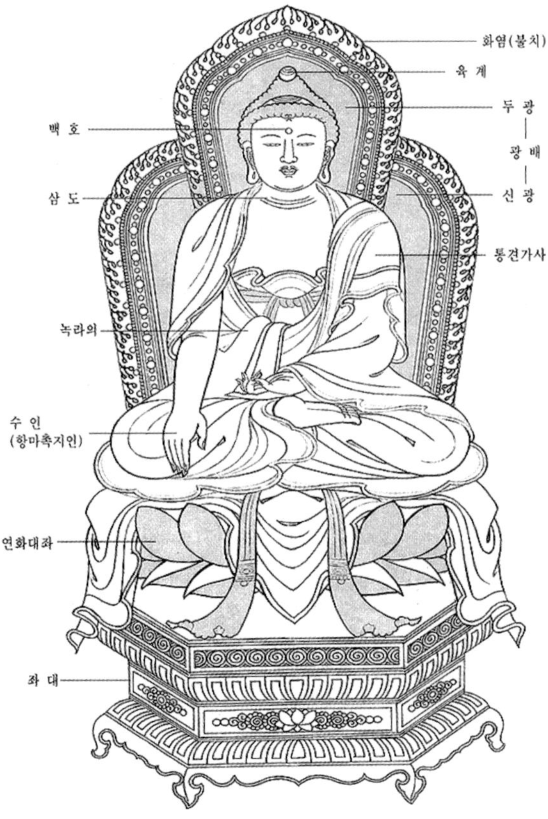

불상의 각부 명칭(『알기쉬운 불교미술』에서)

(1) 육계(肉髻)

부처의 머리 위에 혹과 같이 살이 올라온 것, 혹은 혹과 살이 머리뼈로 붙어 튀어나온 것이라고도 한다. 지혜를 상징하며 불정(佛頂), 정계(頂髻)라고도 한다. 인도의 초기 불상에 나타난 변화를 보면 인도의 성인들이 긴 머리를 위로 올려 묶던 형태에서 유래한 것으로 보인다.

(2) 나발(螺髮)

오른쪽으로 말린 꼬불꼬불한 나선형 모양의 머리카락을 말한다. 불상중에는 나발이 표현되지 않는 형태가 있다. 이러한 민머리 형태를 소발(素髮)이라고 한다.

(3) 백호(白毫)

부처의 양 눈썹 사이에 난 오른쪽으로 말린 희고 부드러운 털을 뜻하며, 대승불교에서는 여래 외에도 여러 보살들도 갖추도록 규정하고 있다.

(4) 삼도(三道)

삼도란 부처의 목에 표현된 3개의 주름. 이는 생사를 윤회하는 인과(因果), 또는 번뇌, 업도(業道), 고도(苦道)를 의미한다.

(5) 보관(寶冠)

불상의 머리 위에 얹은 관을 말하며, 여래를 제외한 보살 · 명왕 · 천부 등이 보관을 사용하고 있다. 보관은 고대 인도 귀인(貴人)들의 머리 장식에서 유래된 것으로 불상을 장엄하는 데 목적이 있을 뿐 아니라 불 · 보살의 상징으로도 사용한다. 관음보살은 보관에 아미타화불, 대세지보살은 수병(水甁) 등을 새긴다.

(6) 화불(化佛)

화불

부처나 보살의 신통력에 의해 변화한 부처를 말한다. 응신불 또는 변화불이라고도 하며, 불 · 보살이 중생을 제도하기 위해서 때와 장소를 가리지 않고 나타나는 것으로 작은 여래형으로 표현된다.

불교 경전에 따르면 부처의 원광(圓光)에 수많은 화불이 있다고 한다. 이 내용을 따른다면 화불이나 화보살은 원형의 두광에 나타나야 옳다. 그러나 우리나라의 많은 불상들은 두광은 물론이거니와 신광에도 화불을 표현하고 있는 특징을 보인다. 광배의 화불과 화보살은 연화좌에 앉아 있는 경우와 구름 위에 앉아 있는 경우가 있다.

(7) 영락(瓔珞)

각종 보석 등으로 만든 목걸이를 보살의 목이나 가슴 등에 늘어뜨리는 장신구. 원래 인도 귀족들이 몸을 장식한데서 유래하였다.

(8) 광배(光背)

부처의 몸에서 발하는 빛. 이러한 빛을 표현한 것이 광배이다. 광배는 두광(頭光), 신광(身光), 거신광(擧身光)으로 나눌 수 있다.

광배의 종류는 크게 백호에서 발하는 빛을 형상화한 두광(頭光)과 가슴의 흉만(胸卍)에서 발하는 심광을 형상화한 신광(身光)으로 나눌 수 있다. 인도에서는 처음에는 두광만 표현하다가 뒤에 신광을 함께 표현한 전신광배 형식이 나오게 되었는데, 이것을 거신광배(擧身光背)라고 한다. 형태로 보면 두광과 신광을 함께 나타낸 이중원광식 광배와 두 가지 광을 합쳐 배 모양으로 만든 주형광배가 있다. 화염문의 모양은 끝이 뾰족한 보주형, 연화형 등으로 다양하게 나타나고 있다.

두광과 신광

주형광배

두광

(9) 대좌(臺座)

대좌는 불・보살・천인 등이 앉거나 서는 자리를 말한다. 원래 석가가 보리수 아래에서 성도하였을 때 앉았던 풀방석에서 유래한 것으로, 후에 이 자리를 금강좌(金剛座)라고 불렀다. 대좌 형태는 종류에 따라 다양하게 나타나는데, 연화좌・사자좌・상현좌・암좌・운좌・생령좌 등이 있다.

연화좌(蓮花座) ; 대좌 중에서 가장 일반적인 형식. 앙련이나 복련 등 연꽃을 도안하였다.

상현좌(裳懸座) ; 결가좌한 불상이 입은 스커트 옷자락이 내려와 대좌를 덮고 있는 형식. 삼국시대 불상에 많이 나타난다.

조수좌(鳥獸座) ; 동물을 대좌로 사용한 것. 문수보살의 사자좌, 보현보살의 코끼리좌가 대표적인 예이다.

생령좌(生靈座) ; 천인에서부터 아귀 축생에 이르기까지 살아 있는 모든 생물을 대좌로 삼는다. 옳지 않은 생령을 힘으로 제압시킨다는 뜻이 있으며 우리나라 사천왕, 팔부중의 대좌에서 볼 수 있다.

생령좌

방형대좌(方形臺座) ; 4모, 6모, 8모 등 여러 가지가 있으며 4모와 8모가 가장 많은 형식으로 쓰인다.

상현좌

연화좌

(10) 자세

불·보살상의 표현에는 자세에 따라서도 그 상징하는 의미가 달라질 수가 있다. 부처의 자세에는 입상(서 있는 모습), 좌상, 와상(누워있는 모습)이 있다.

좌상인 경우 대표적인 모습이 결가부좌이다. 결가부좌는 두 다리를 포개어 앉은 모습이다. 결가부좌의 형식은 왼발을 오른쪽 다리 위에

궤좌상

의상

교각상

결가부좌상

반가상

얹은 다음 오른발을 밖에서 왼쪽 다리 위에 올려 놓는 길상좌와 이와 반대로 오른발을 왼쪽 다리 위에 얹고 왼발을 밖에서 오른쪽 다리 위에 올려놓고 앉는 항마좌로 구분한다.

이 외에도 의자에 앉아 두 다리를 내리는 의좌상(倚坐像), 의자에 앉아 오른쪽 다리를 왼쪽 다리 위에 얹어 놓은 반가상(半跏像), 두 다리를 교차하고 앉은 교각좌상(交脚坐像), 오른쪽 무릎을 세우고 왼발은 직각으로 구부리거나 대좌 밑으로 내려뜨리는 유희좌상(遊戲坐像), 한 무릎을 세우고 다른 무릎을 꿇어 앉은 자세인 궤좌상(詭坐像)이 있다.

(11) 법의

부처나 승려가 입는 의복을 가사 또는 법의라고 한다. 불상의 경우 가장 겉에 대의(大衣)를 입고 그 안에 승기지(僧祇支)와 치마(裙衣)를 입는 것이 기본이며, 보살이나 천부상은 몸에 천의(天衣)를 걸치는 것이 특징이다. 부처의 법의는 대개 두 어깨를 덮는 통견(通肩 : 어깨에

통견 양식

우견편단 양식

걸침) 형식과 한쪽만을 덮는 편단우견(偏袒右肩 또는 우견편단 : 왼쪽 어깨에 옷을 걸치고 오른쪽 어깨가 드러남) 형식으로 구분된다.

대의(大衣)

여래상이 제일 겉에 입는 법의. 승가리(僧伽梨)로 음역되며 중의(重衣), 중복의(重復衣)라고도 한다. 대의를 입는 방식에는 보통 통견과 우견편단 스타일이 있다.

승기지(僧祇支)/승각기

불상의 왼쪽 어깨에서 오른쪽 겨드랑이로 옷을 걸쳤을 때 드러난 가슴을 덮은 속옷. 승각기(僧脚崎), 엄액의(掩腋衣), 복견의(復肩衣)라고도 부른다. 대개 장방형의 천을 왼쪽어깨에 걸쳐 양 겨드랑이를 덮으면서 허리 아래까지 내려오게 한 것으로 군의와 함께 대의 안에 입는 것이다.

군의(裙衣, 스커트)

불보살이 걸친 상의(裳衣) 즉 스커트. 입는 방법은 보통 허리에서부터 아래를 덮은 긴 치마 모양의 옷을 말한다.

천의(天衣)

보살이나 천인(天人)들이 입는 얇은 옷을 말하며 무봉의(無縫衣)라고도 하는데 매우 가벼운 옷이라는 의미이다. 보통 긴 스카프 같은 것으로 나형(裸形)인 상반신의 어깨에서부터 몸 아래로 걸쳐 두르고 있다.

4) 불상의 손모양(수인)

불상이나 보살상은 그 상의 성격과 의미에 따라 여러 형태의 손 모습을 보여 준다. 이를 수인(手印) 혹은 인상(印相)이라 한다. 각 부처는 특유의 손 모양을 가지고 있기 때문에 우리는 이 수인을 보고 부처를 구분한다.

불상의 손모양에는 그 수가 8만4천 가지가 있고 그 모양에 따라 깨달은 내용도 각각 다르다고 한다. 오른손을 위로 올리고 손바닥을 밖으로 하여 두려워 말라는 의미의 시무외인(施無畏印)과 왼손을 밑으로 하여 소원을 받아들인다는 여원인(與願印)이 있다. 또한 오른손으로 땅을 짚어 지신에게 부처가 마군을 물리쳤음을 증명하는 자세로서 깨달음의 순간을 상징하는 의미의 항마촉지인(降魔觸地印), 불법을 설하는 의미의 설법인(說法印), 중생과 부처가 둘이 아니며 일체라는 뜻을 나타낸 지권인(智拳印), 아미타극락정토의 9등급을 나타내는 아미타구품인(阿彌陀九品印) 등이 가장 대표적인 수인이다.

(1) 선정인(禪定印)

석가가 보리수 아래에서 명상에 잠겼을 때의 수인. 왼손은 손바닥을 위로하여 배꼽 앞에 놓고, 오른손도 손바닥을 위로하여 왼손 위에 겹쳐 두 손을 맞댄 형식이다.

선정인

(2) 항마촉지인(降魔觸地印)

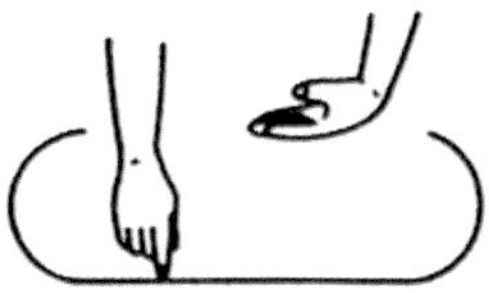

항마촉지인

석가가 명상에 잠겨 깨달음에 이르기 직전 마군으로부터 유혹을 받았을 때, 부처가 지신을 가리키며 마군을 물리쳤음을 증명하는 자세. 항마인, 촉지인, 지지인이라고도 한다. 왼손은 손바닥을 위로하여 결가부좌한 다리 가운데 놓고, 오른손은 오른발 무릎에 얹어 손가락으로 땅을 가리키는 형태이다.

(3) 전법륜인(轉法輪印)

전법륜인

전법륜인

성불을 이룬 석가가 최초 다섯 명의 수행자 및 그의 중생들에게 설법했을 때의 손모양. 2개의 원은 세계를 두루 돌며 불법을 중생에게 전파한다는 법륜을 상징한다. 전법륜인에는 3가지가 있다. ① 엄지손가락과 집게손가락을 대는 법신의 전법륜인 ② 엄지손가락과 가운데 손가락을 대는 응신의 전법륜인 ③ 엄지손가라과 약지를 대는 화신의 전법륜인이다.

(4) 시무외인(施無畏印)

시무외인

손바닥을 편 오른손을 위로 들어 어깨가지 올린 모습으로 두려워 말라는 의미이다.

여원인

(5) 여원인(與願印)

왼손을 아래로 내려 손바닥을 밖으로 향한 모습. 부처가 중생에게 사랑을 베풀고 중생이 원하는 바를 달성하게 하는 대자대비의 덕을 표시한 모습이다.

(6) 통인(通印)

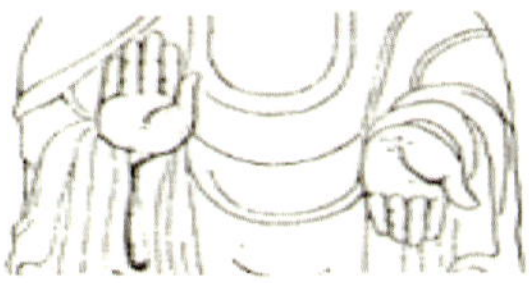

통인

통인

시무외인(施無畏印)과 여원인(與願印)의 두 수인을 동시에 취한 형태이다. 우리나라 삼국시대 불상에서 가장 많이 나타나는 손모양이다. 이 시기 불상의 여원인에서는 약지와 새끼손가락을 구부리는 형식을 취하고 있는 것이 특징이다.

(7) 지권인(智拳印)

대일여래 즉 비로자나불이 결하는 수인. 앞에서 보면 주먹을 쥔 두 손을 위 아래로 포갠 것처럼 보인다. 이는 왼손의 집게손가락 끝과 오른손의 엄지끝을 서로 댄 상태에서 오른손을 주먹지은 모습이다. 일체의 번뇌를 없애고 부처님의 지혜를 얻는다는 의미이다. 중생과 부처, 미혹함과 깨달음은 하나라는 의미의 손 모양이다.

(8) 합장인(合掌印)

대개 두 손바닥을 합장하는 자세.

합장인

(9) 미타정인(彌陀定印)

아미타여래의 수인으로 설법의 이해도에 따라 상중하 3품으로 나누고, 다시 이를 상중하의 3생으로 나누어 총 9품으로 구분한다.

상생:
중생 :
하생 :

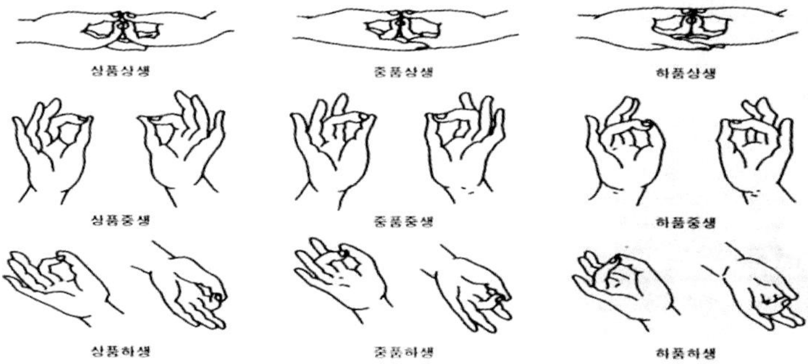

(10) 천지인(天地印)

탄생불이 취하는 수인으로 한 손은 위로하고 한 손은 아래로 향한 모습.

2. 불상의 종류와 구분

좁은 의미의 불상은 부처, 즉 여래상만을 지칭하는 말이고, 넓은 의미의 불상은 여래상, 보살상과 신중상까지 모두 포함하는 말이다. 여래는 최고의 경지에 이른 깨친 자를 의미하고, 보살은 붓다의 지원자, 신중은 불교의 수호신이다.

1) 여래상

부처(불타)란 자기 스스로 진리, 즉 보리(菩提)를 얻은 깨달은 자라는 의미이다. 역사적으로 볼 때 이 세상에 실제로 존재하였던 부처는 인도의 고타마 싯다르타 태자로, '석가족의 성자' 로 불리던 석가모니, 즉 석존(釋尊)이다.*

대승불교에 들어서 새로운 경전들이 만들어지면서 부처의 이름이 무진장 늘었다. 우선 석가모니 부처 이전의 과거에도 부처(과거칠불)가 있었다고 한다. 또 불교의 교리가 발달함에 따라 부처의 성격도 구체화되어 삼신불(三身佛) 사상이 등장하는 등 상징적인 의미의 많은 부처가 존재하게 되었다. 대승불교가 중생구제의 종교로 전개됨에 따

---

* · 부처의 이름은 참 많다. '깨달은 자'라는 의미의 붓다가 음역되어 불타, 불이라하고, 여래는 부처, 불의 또 다른 이름이다. 세존(세상에서 존경받을 만한 사람), 석존(석씨 가문의 위대한 사람)로도 불린다. 응공, 정편지, 명행록, 선서, 세간해, 무상사(위 없는 스승), 조어장부, 천인사, 불, 세존을 여래의 10호라 한다.
  · 삼신불 : 우주의 기본 진리 그 자체는 법신이고, 법신으로 중생을 교화하기 위해 갖가지 방법으로 변화해 중생에게 접근해서 아래로 내려오는 부처는 화신이나 응신불이며, 수행의 보답으로 성불의 결과를 수용한 부처는 보신이나 수용신이라 한다. 법신은 비로자나불, 노사나불이며, 보신은 아미타불 약사여래가 해당된다. 그러나 이처럼 분류하기는 했지만 각기 다른 것이 아니라 범신이 중생의 세계로 내려오는 화신이요, 중생의 세계에서 부처의 세계로 올라가면 보신이 된다. 그러므로 3신은 서로 다른 것이 아니라 한 몸체의 다른 모양이라고 할 수 있다.

라 보다 많은 여래상이 출현되었다. 예컨데 죽음에 대한 불안을 덜어 주는 아미타불, 인간을 질병에서 구제해 주는 약사불, 석가 시대 다음에 중생을 구제할 미륵불 등 많은 여래가 출현하였고, 나아가서는 천불, 삼천불 사상까지 낳게 되었다.

그러나 실제 예배의 대상으로서 우리나라에서 널리 숭상된 불상은 석가불 · 아미타불 · 약사불 · 비로자나불 등으로 많이 만들어졌다.

여래상이 지니는 특징은 첫째, 32길상 80종호를 갖추고 있다. 따라서 수인에 의하여 구분이 가능하게 된다. 둘째, 여래상은 법의 이외에는 아무런 장식품을 갖지 않는다. 법의를 걸치는 양식은 양쪽 어깨에 걸치는 통견 양식과 오른쪽 어깨에만 걸치는 편단우견 양식이 있다. 셋째, 양손의 수인으로 각 불상의 성격을 상징적으로 표현하고 있다.

(1) 석가모니불상

탄생불 · 고행불 · 항마상 · 성도상 · 열반상 등의 여러 상형이 있다.

① 탄생불

마야부인의 오른쪽 겨드랑이에서 출생한 석존이 일곱 걸음 걸어서 양손으로 하늘과 땅을 가리키며 "천상천하 유아독존"이라고 외친 모습을 조각한 상이다. 태어날 때의 석존은 이미 출생부터 인간과 다른 32상 80종호를 구비하였다고 하여 이를 표현하였다. 탄생불이므로 어린이상을 조각함을 특징으로 삼고 있으며, 큰 상이 아닌 10㎝ 내외의 작은 상으로 조불함을 원칙으로 하고 있다. 대개 초파일 관불의식 때 임시 의식용으로 봉안된다.

② 고행상

석가는 카필라성을 나와 출가하고 구도와 고행의 길을 6년간 행하였는데 이 때의 모습을 조각한 것이 고행상이다. 고행상은 눈이 쑥 들어가고 피골이 상접한 모습을 나타낸다.

③ 항마상

석가모니불(항마상)

보리수 아래에서 정관에 들어간다. 이 때에 수많은 악마들이 석가의 깨달음을 위한 수도를 방해하므로 이를 물리치려는 상을 조각한 것이 항마상이다. 항마촉지인을 결한 수인으로 구분한다.

④ 성도상

석가는 35세에 깨달음을 이루고 붓다(부처)가 되었는데 이 때의 모습을 나타낸 것이 성도상이며 여기에 이르러서 붓다가 된 석가여래상이 출현하게 되었다고 할 수 있다. 별도의 장식물이 없고 법의만을 걸칠 따름이다. 성도상의 구분은 선정인에 의하여 가능하나 우리 나라에서는 예를 찾아보기 힘들다.

⑤ 설법교화상

일반적으로 우리가 석가모니불이라 하게 됨은 이 설법교화상의 석가불상을 말한다. 설법상의 수인이 따로 있으나 우리나라에서 제작된 석가불상은 시무외인과 여원인의 수인을 많이 묘사하고 있다.

⑥ 열반상

석가는 45년 동안 중인도 지방을 중심으로 설법하다가 스스로의 열반을 예견하고 구시나가라 성밖의 사라쌍수 밑에서 최후의 설법을 남긴 후 머리를 북쪽으로 얼굴을 서쪽(頭北西面)으로 하고, 오른쪽 어깨를 아래로 하여 옆으로 누운 자세로 열반에 들었다. 이와 같은 열반의 모습을 조각한 것을 열반상이라 한다.

다솔사 와불상

(2) 비로자나불상

우리가 아는 석가모니는 육신을 가진 존재로 깨달음을 얻어 부처가 됐다. 그러면 그 부처는 누구일까? 바로 법신부처이다. 이 법신부처는 스스로 빛을 내어 지옥・지상・천상의 세계까지 비춘다고 한다. 그래서 이 부처를 비로자나불, 광명편조(光明遍照)라 하고, 밀교에서는 대일여래라 부른다. 5세기 초반에 한역된『화엄경』에 의하면 비로자나불은 불교 본원의 부처이다. 말하자면 비로자나불상은 통일의 불, 법신불로서의 모습을 조상한 것이다. 바로 법신불을 강조하는 화엄경의 사상을 중심으로 조성된 것이 비로자나불인 것이다.

운문사 비로자나불상

우리나라에서는 통일신라시대에 화엄사상의 융성과 더불어 비로자나불상이 많이

조성되었다. 지권인을 한 비로자나불은 지(智)의 활동을 나타낸 모습이라 한다.

(3) 아미타 불상

불국사 금동 아미타여래좌상

아미타여래는 서방 10만억토를 지난 곳에서 극락정토를 열고 그곳에서 설법하고 있다는 여래이다. 아미타여래의 모습과 극락정토의 광경에 대해서는 『관무량수경』에 상세히 묘사되어 있다. 아미타여래의 인상은 상품상생인에서 하품하생인의 9종류가 있다. 다른 여래에 비하여 종류가 많은 이유는 왕생하는 사람(往生人)의 근기(根機)에 따라 다르게 나타나는 극락정토에 각기 다른 아미타여래의 모습을 보여주고 있기 때문이다.

아미타여래에 대한 신앙은 불사(不死)에의 희망이 만족되고 죽음에 대한 불안이 해소되는 데서 그 의미를 찾아볼 수 있게 된다. 그리고 현세에 대한 절망의 치유라는 데서 민중신앙으로 크게 융성하게 되었다.

굴불사지 약사여래상

아미타신앙은 통일신라시대에 크게 성행하였으며, 거의 전 시대에 걸쳐 많은 예가 있다.

(4) 약사여래상

아미타여래에 대한 신앙이 죽음에 대한 불안, 즉 사후의 신앙을 기본으로 성립된 것이라면 약사여래 신앙은 현실적 이익을 바탕으로 성립된 신앙형태라 할 수 있다. 약사여래는 인간을 질병으로부터 보호하여 줄뿐만 아니라 죽음을 물리칠 수 있는 여래로 대중의 신앙을 얻게 되었다(현세이익의 상징).

약사여래의 모습은 여원·시무외인의 인상에 왼손에 약기를 들고 있다. 신라시대 백율사의 약사여래상이 유명하다. 약사정토의 보살로는 일광보살과 월광보살이 있으며, 약사신앙인을 보호한다고 하는 12신상이 있다. 그러나 이들 양대 보살과 12신장들을 약사회상도에 불화로 제작한 예는 있으나 조각으로 조성한 예는 우리나라에 없다.

(5) 미륵여래상

법주사 금동미륵대불

불교에서는 시대가 내려올수록 세상은 점차 부처의 교설을 믿는 자가 적어지며 불교가 최후의 목적으로 삼는 해탈이 불가능한 말법시대*가 온다고 한다. 이러한 시기에 태어난 인간은 자력으로는 전혀 해탈할 방법이 없고 오직 타력에 의하여 구제 받을 수밖에 없다는 것이다.

여기 타력에 의한 구제 방법은 두 가지가 있는데 그 하나는 아미타여래에 대한 신앙이며, 다른 하나는 미륵보살에 대한 신앙이다. 미륵보살은 말법 시대에 중생을 구제하기 위

* 말법시대 : 불교에서는 그 교법이나 수행의 변천에 따라 정법(正法), 상법(像法), 말법(末法)의 3법시대로 구분한다. 말법 시대는 1만년 동안 계속되는데 이때는 교법만 있고 수행도 해탈도 없는 가장 바람직하지 못한 시대라고 한다.

하여 도솔천에서 수행을 계속하고 있는 보살이다. 이 같은 미륵보살은 미래에 성불이 보장되어 있어서 여래상으로 조상하는 경우가 있다(금산사의 미륵불, 법주사의 미륵상).

미륵여래의 모습은 다른 여래상과 전혀 구분되지 않는다. 그 인상도 석가여래상과 구분되지 않고 있어 미륵여래로 조상하였다는 조상기에 의하지 않고는 구분이 불가능하다.

같은 부처의 다른 모습

얼핏보면 서로 다른 부처처럼 보이지만 같은 부처입니다. 경주 남산 삼릉계곡에 있는... 왼쪽은 파손된 부분을 시멘트로 복원하였지만 복원이 잘못되어 코와 입부분이 어색하고 뒷부분의 광배는 땅바닥에 뒹굴고 있다. 이 부처를 제대로 복원한 모습이 오른쪽이다. 문화재보존과 복원의 중요성을 일깨우는 좋은 예라고 할 수 있다.

2) 보살상

보살*상은 대승불교의 특징 중의 하나인 보디사트(Bodhisattva)를 그림으로 그리거나 조각한 것을 말한다. 보살은 한편에서는 여래가 되기 위한 수행을 계속하고 다른 한편에서는 대중을 구제하기 위한 서원을 세우고 이를 위하여 활동(상구보리 하화중생(上求菩提 下化衆生))을 계속하는 구도자를 말한다.

보살의 이런 성격 때문에 보살에게 바라는 기대와 욕구 또한 다양하여 사람들은 많은 종류의 보살상을 만들어 단독으로 예배하는 경우도 있으나 불상의 양쪽 협시로 표현되는 것이 보편적이다. 중생구제를 목표로 전개 발전된 대승불교에 있어 보살의 종류는 무궁무진하다 할 것이다. 그러나 우리나라에서 볼 수 있는 보살상의 종류는 어림잡아 10종류를 넘지 않는다.

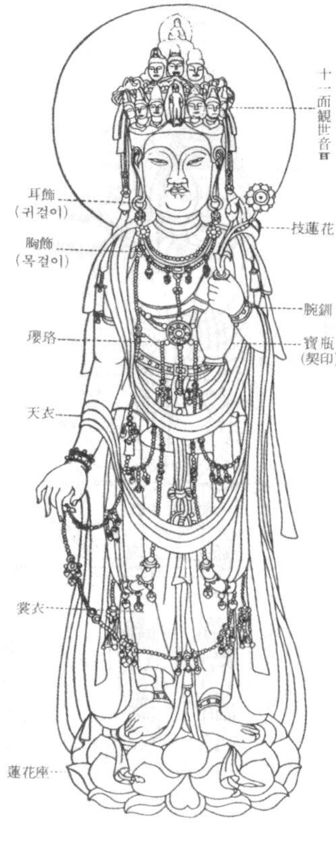

보살상 세부명칭(『한국의 불교미술』)

보살상의 표현에 있어서 옷 입는 형태는 불상과는 달리 법의가 없다. 상체는 나신(裸身)으로 천의라고 부르는 긴 스카프 같은 것

---

* 보살 : 보리사트바는 깨달음, 정각의 본질을 의미하는 보디(Bodhi), 정신이라는 뜻의 사크바(sattva)가 결합된 말로 번역하여 보리살타, 줄여서 보살이라 부른다.

을 어깨에 걸쳐서 몸에 두르며, 하의는 치마와 같은 옷, 상의(裳衣)를 입는다.

불상과 달리 몸에 화려한 장식을 하여 목걸이나 팔찌 등을 걸치고 있는데 몸체에 걸쳐진 구슬 장식은 영락(瓔珞)이라 부른다. 머리에는 보관(寶冠)·목걸이·팔찌 등으로 장식하였다. 이것은 싯다르타가 성도하기 전 귀인으로서 수행하는 과정의 모습으로 볼 수 있다.

보살상 중에 보관에 아미타불이 모셔져 있으면 관음보살, 불탑이 있으면 미륵보살로 추정하기도 하지만 반드시 이러한 표현에 의해서만이 특정 보살을 확인할 수 있는 것은 아니다. 또한 보살상이 손에 연꽃이나 정병·보주 같은 지물을 들고 있는 경우도 흔히 보이나 명문이 없는 경우 정확한 보살명을 확인하기 어렵다.

(1) 미륵보살상

불교사상의 발전과 함께 미래불이 나타나서 석가모니부처가 구제할 수 없었던 중생들을 남김없이 구제한다는 사상이 싹트게 됨에 따라

금동미륵보살 반가상(국립중앙박물관)

미륵보살이 등장하게 되었다. 미륵보살은 인도의 바라나시국의 바라문 집안에서 태어나 석가모니불의 교화를 받으면서 수도하였고, 미래에 성불하리라는 수기를 받은 뒤 도솔천에 올라가 현재 천인들을 위해서 설법하고 있다고 한다. 도솔천에서 현재도 수행을 계속하고 있다는 미륵보살에 대해서는 『미륵상생경』에 상세히 적고 있다.

한편 도솔천의 미륵보살이 56억 7천만년후에 이 지상에 하생하여 성불하고 용화 나무 아래에서 3회 설법을 행하고 용화회상을 열게 된다는 것은 『미륵하생경』에 상세히 설하고 있다.

우리나라의 경우는 미륵이 도솔천에 있으면서 미래세에 중생을 구제할 깊은 사념에 잠겨 수행을 계속하고 있는 모습으로 많이 조상하였다. 이와 같은 보살상을 미륵보살 반가사유상(半跏思惟像)이라고 한다. 반가사유상의 반가란 오른쪽 발을 왼쪽 무릎 위에 놓고 앉은 자세를 말하고, 사유상이란 오른쪽 손가락을 살짝 뺨에다 대고 생각하는 모습을 나타내는 상을 말한다.

이와 같은 사유상은 미륵보살상으로서가 아니라 석가의 수행상인 싯다르타 태자상으로 생각된 적도 있으나 우리나라 고대 사회에서 만들어진 반가사유상은 모두가 미륵보살상이라 하여도 무방하다.

(2) 관음보살상

관음보살은 광세음보살, 관세음자재보살이라고도 하며, 줄여서 관음보살이라고 부른다. 관음보살은 대자대비를 서원으로 삼고 있는 보살로 일반인들에게 널리 알려져 있다. 관음보살의 서원은 중생으로 하여금 모든 공포에서 떠나게 하는 것이다. 관세음보살에 대한 신앙은 신라시대부터 지금까지 대중신앙으로 그 지지기반을 굳혀왔으므로 여러 시대에 걸쳐 많은 예를 남기고 있다.

삼양동 금동관음보살입상
(국립중앙박물관)

관음보살상은 일반적으로 머리에 아미타불을 새긴 보관을 쓰고 손에 보병이나 연꽃을 잡고 있는 형상으로 만들어진다. 이에 비하여 밀교계의 관음은 그 성격을 달리한다. 백의관음은 머리에 흰 관 같은 것을 쓰고 백의를 입고 있다. 십일면 관음상은 밀교적 관음상으로 관음상의 변화를 일으키는 최초의 경우라 할 수 있다. 분노하고, 부드럽고 자비로운 대자대비의 의미가 응결되어 표현된 것이다. 이와 같은 관음상의 모습은 여러 가지 인간의 재앙에 대응하여 나타나는 모습이라 할 수 있다. 한편 여러 가지 인간의 재앙에 더욱 적극적 구제의 의미를 나타내고 있는 관음상은 천수관음이라 할 수 있다. 천개의 손이 갖는 의미는 그만큼 중생구제를 위해 많은 손이 필요하다는 것이겠으나 실

기림사 천수관음상

관음보살상(국립경주박물관)

제 천수관음상을 조상할 경우에는 40개의 손만 크게 만들고 나머지 손은 조그맣게 표현하여 도합 천 개의 손을 나타낸다.

〈알아보기〉

관음보살은 신라인에게 절대적인 존재였다. 통일신라시대 관음보살은 대부분 여성의 모습으로 나타나 자비를 베풀어 널리 신앙의 대상이 되었다. 오대산 사암을 개산한 자장은 관세음보살에 예배 공양한 공덕으로 태어났다 한다. 신라 화엄종의 종조로 불리는 의상은 관음보살의 응신에 따라 낙산에 관음도량을 세운다. 불국사에는 창건 당시부터 관음전이 세워졌다.

우리나라 관음신앙은 그 일화도 풍성하다.

비구니로 현신한 관음은 신문왕때 국로로 존경받던 경흥법사의 스트레스로 인한 병을 고쳐주었다. 이국땅에 잡혀간 부례랑과 안상을 데려왔으며, 승려로 나타나 오나라 땅으로부터 장춘을 데려오기도 했다. 낙산사의 관음은 속세의 여인을 사모하는 세규사의 승려였던 조신의 미망을 일장춘몽의 꿈으로 깨우쳐 주었다. 중생사의 대비관음은 최은함에게 아들을 낳게 해주고 난리통에 젖을 먹여 길러주었다(최승로 일화).

나아가 관음보살은 응신하여 수행하거나 성불을 도와주기도 한다. 광덕이 먼저 성불하자 관음 화신인 광덕의 처는 친구인 엄장을 일깨워 성불하게 한다. 백월산의 노힐부득과 달달박박은 관음 화신의 영험으로 성불한다.

나아가 신라의 관음신앙은 고려로 이어진다. 고려 불화에 관음도가 비중을 많이 차지하는 것도 그 예이다.

(3) 지장보살상

일명 대원본존지장왕보살이라고 한다. 관세음보살이 인간의 재난을 구제하는 보살이라면 지장보살은 인간세상의 죄고(罪苦)를 교화하는 보살로 신앙된다. 지장보살은 지옥·아귀·축생·아수라·사람·하늘 등 6도의 윤회에 끝없이 방황하는 중생들을 구제해 준다. 그리고 지옥의 고통에 허덕이는 중생들을 인도하여 정토의 극락세계로 이끌어 주는 구세주이다. 그래서 자비의 화신인 관음보살과 함께 불교 신자들의 신앙대상이 되었다.

지장보살은 다른 보살과 달리 보관과 영락을 지니지 않고, 아무런 장식이 없이 오직 가사만을 착용하며 또, 머리에 두건을 쓰고 있는 특징을 보인다(聲聞形·比丘形). 왼쪽 손에 보주를 들고 오른쪽 손은 여원인을 한다. 입상일 경우는 석장을 들고 있기도 한다.

우리나라에서의 지장 신앙은 일찍이 통일신라시대 진표율사의 신앙에 의하여 살필 수 있고, 고려시대 이후에는 명부시왕신앙과 더불어 크게 성행하여 많은 조성의 예를 남기고 있다. 조선시대에는 불화 조각 등이 풍성하게 만들어져 오늘에 지장화나 지장상이 상당수 전해지고 있다. 주로 명부시왕신앙과 관련하여 지장신앙이 전개되었다.

지장신앙은 아미타신앙에 비하여 보다 더 서민신앙으로서의 특징을 지닌다.

실상사 지장보살좌상

〈알아보기〉

지장보살은 도리천에서 부처의 부탁을 받고 매일 새벽 선정에 들어가 중생의 근기를 관찰하고 미륵불이 올 때까지 교화의 임무를 맡은 보살이다. 지장삼륜경에는 지옥이 텅빌 때까지 성불하지 않겠다는 서원을 지니고 있다. 그러므로 도교의 시왕사상의 발달과 함께 시왕이 옥을 맡고 지장관음보살과 함께 중생이 지옥으로 떨어지지 않도록 도와주는 보살로 인식되었다. 시왕은 중국에서 조작된 시왕경이라는 위경, 즉 불설이 아닌 경전에 의존하므로 중국식의 관복을 입게 된다.

보통 지장보살은 승형의 삭발된 머리에 지옥문을 깨뜨린다는 육환장을 짚고 어둠을 밝히는 보배구슬인 장상명주를 들고 있다. 그러나 피모 혹은 피건이라는 모자를 쓰고 있기도 하다. 그것은 당나라 도명스님이 지옥에 갔다가 반혼하면서 돌아보니 지방보살이 모자를 쓰고 있더라는 기록에 의존한다. 보통 도명존자와 무독귀왕이 함께 그려지기도 한다.

(4) 문수보살상과 보현보살상

문수보살은 지혜의 상징이다. 우리나라의 사찰 대웅전에는 석가모니를 중심으로 좌측에 문수보살상을 봉안하는 경우가 많다. 또 대적광전이나 비로전에도 비로자나불 좌측에 문수보살상을 봉안하며, 특별히 문수신앙이 강한 사찰에는 문수보살상만을 모신 문수전을 따로 두기도 한다. 문수보살의 경우에는 오대산 등에 문수신앙의 전통과 더불어 단독적인 조상의 예를 남기고 있다.

보현보살은 부처님의 행원(行願)을 대변하는 보살로서 문수보살과 함께 석가여래나 비로자나불을 협시하며 여래의 오른쪽에서 이덕과

행덕을 맡는다. 또한 문수보살과 함께 모든 보살의 으뜸이 되어서 부처가 중생을 제도하는 일을 돕고 널리 선양한다. 중생들의 수명을 길게 하는 덕을 가졌으므로 보현연명보살(普賢延命菩薩) 또는 연명보살이라 불리기도 한다.

문수보살상

이들 보살의 상형은 별다른 특징적인 것이 없으나 앉는 자리가 주목을 끈다. 문수보살은 사자좌에 보현보살은 백상좌(흰코끼리)에 앉아 있다. 이 형상의 의미는 불법의 지혜야말로 사자나 코끼리 등의 동물까지도 충분히 복종시킬 힘을 가지고 있는 것임을 상징하는 것이다.

보현보살상

이 밖의 보살상으로 일광보살상·월광보살상, 대세지보살상 등이 있다. 일광보살상·월광보살상은 약사여래를 협시하는 두 보살상인데 이마 또는 보관에 해 또는 달이 표현되어 있는 것이 특징이다.

대세지보살상은 관음보살상과 함께 아미타불상을 협시하는 보살상이다. 보관에 보병을 새기거나 손에 보병이나 연꽃을 든 모습이다. 이들 보살들은 독존으로 조상되는 예는 드물고 대개가 협시불로 조상되었다.

3) 신중(神衆)상

넓은 의미로 불상의 범위에는 불상과 보살상 이외에도 인도의 불교 성립 이전부터 있었던 브라만교나 민간 신앙의 여러 신들이 불교 세계를 수호하는 신(호법신)으로 포섭되어 예배되는 많은 상이 있다. 이들을 통틀어 신중이라 부른다. 즉 신중이라 하면 수미산 위에 사는 모든 신들을 통틀어 말하며 불, 보살보다는 단계가 낮은 지위에 해당된다. 신중들은 과거 선업의 결과로 생겨난 것으로 수명도 매우 길고 천계의 즐거움을 향유하며 공중을 자유로이 날아다닐 수 있으나 죽음(윤회전생)을 피할 수 없다고 한다. 즉, 호법신으로서의 신중의 실체는 과거 인도의 토속신들이다. 불교에 포용되어 불교화하여 호법의 기능을 다하게 된 것이다.

신중은 그 개별적인 수는 수없이 많으나 대체로 천부상과 무장상, 용왕상 등으로 나누어진다. 천부상은 제석천・대범천상・사천왕상을 들 수 있고, 무장상은 금강역사・인왕・팔부신장 등을 들 수 있으며, 용왕상은 팔부용왕이다. 이것은 인도의 토속신으로 구성된 신중들이지만 중국 및 우리나라에서 첨가된 신중도 있다. 중국 도교 계통의 신으로서 칠성과 우리나라의 산신 등이 그 예이다.

제석천・대범천 등의 천상은 사천왕보다 신격이 높다. 제석천은 수미세계의 통령으로서 자연현상을 지배하고, 대범천은 천상계의 통령으로서 사바세계를 지배한다. 그러나 불교에서는 일찍부터 이를 수호신으로 수용하여 석가상의 주변에 배치하였다. 그 상형은 사천왕상과 같은 무장상이 아니라 단정한 용모의 보살상에 가까운 상형을 나타낸다.

앞에서 살핀 여래상과 보살상이 자비를 나타내는 상이라고 한다면 신중상은 인간적 여러 표현인 희노애락을 모두 나타낸다.

(1) 금강역사상

금강역사의 명칭은 범어(梵語)로는 Vajrapani 혹은 Vajradhara라고 한다. 또한 인왕, 이왕, 또는 이천왕이라 하기도 하고, 밀적금강(密迹金剛) 나라연금강이라고도 한다. 이렇게 하나의 이름이 아닌 여러 가지 이름으로 불리게 된 것은 우리나라의 신이 아니고 인도 재래의 문을 지키던 신을 불교화 하였기 때문인 것으로 보인다.

금강역사상은 사찰의 문이나 입구를 지키며 한 쌍으로 있다. 보통 두 신을 마주보게 하여 절의 문과 입구 좌우에 세우는 데 사악한 것이 성스러운 경내에 들어오는 것을 막는 수문장 역할을 한다. 한 상은 입을 벌리고 손에 금강저와 같은 무기를 들고 있고, 다른 한 상은 입을 꽉 다물고 주먹으로 치려는 권법 자세를 하고 있으나 그 형상은 항상 일정한 것은 아니다. 처음에는 갑옷을 입은 신장형으로 표현되었지만 차

분황사탑 인왕상

츰 반나의 몸에 천의를 두르고 팔을 들어 왕성한 힘을 강조하는 역사의 모습으로 변하게 되었다.

금강역사상은 우리나라에 언제부터 수호신으로서 조성되었는지는 분명치 않으나, 634년 조성된 분황사 석탑에 나타나고 있는 것으로 보아 삼국시대부터 는 활발히 조성이 이루어졌던 것으로 보인다.

(2) 사천왕상

사천왕은 원래 고대 인도 신화에서 사방을 지키는 신이었으나 기원전 2세기경부터 불교에 흡수되어 33천중의 사왕천을 지배하는 천신들로 자리 잡았다. 이들은 세계의 중심인 수미산 아래 동서남북의 4주를 지배하면서, 불법을 수호하며 중생들을 바른 길로 이끄는 역할을 한다. 원래 인도의 간다라 미술에서는 사천왕이 귀족으로 표현되었으나 중국으로 건너오면서 험상궂은 무사의 모습으로 바뀌었다.

사천왕은 위로는 제석천을 받들고 밑으로는 팔부중을 거느린다. 사천왕은 세상을 보호하는 수호신인 외호신장(불국정토의 외곽을 맡아 보는 신)으로 동방은 지국천, 서방 광목천, 남방 증장천, 북방 다문천이다. 동쪽을 지키는 지국천왕(持國天王)은 언제나 국토를 지키는 것을 소원으로 하고 있다고 해서 지국천왕이라 부른다. 지물은 보통 창과 비파를 지닌다. 서쪽을 지키는 광목천왕(廣目天王)은 오른손에는 푸른 용을 잡아들고 왼손에는 붉은 여의주를 쥐어 하늘을 향해 치켜들고 있다. 남쪽을 지키는 증장천왕(增長天王)은 특별히 하얀 머리에 하얀 수염을 나타내고 있으며 한가롭게 비파를 타고 있어 무섭게 보이지는 않는다. 북쪽은 비사문천왕(毘沙門天王=다문천왕)이다. 석가모니 부처님의 도량을 지키며 많은 법문을 들었기에 다문천왕(多聞天王)이라 알려져 있다. 이 천왕은 반드시 왼손에는 탑을 들고 있다. 다른 천왕들은 이것저것 들고 있어서 무슨 천왕인지 알아보기 힘든데 다문천왕은 반드시 탑을 들고 있기에 알아보기 쉽다. 사천왕들은 발 밑에 무서운 악귀나 마귀들을 밟고 있는데 사천왕들의 무서운 힘으로 악함은 항복시키고 착함은 보호한다는 뜻이다.

(3) 팔부중상

인도 재래의 여덟 신들을 불교가 받아들여 불법을 수호하는 호법의 선신으로 삼은 것이다. 팔부중은 불법을 수호하는 8종의 신으로서 천(天), 용(龍), 야차(夜次), 아수라(阿修羅), 간달바(乾闥婆), 긴나라(緊那羅), 가루라(迦樓羅), 마후라가(摩睺羅伽)등을 말한다. 불교 안에서는 비교적 지위가 낮은 하위의 신들로 나타난다.

우리나라의 팔부중은 대개 무장을 한 모습이 많고 손에 들고 있는 지물들도 갖가지이다. 탑 면에 조각되는 경우가 많으며, 인왕상과 사방불, 십이지상에 이어 가장 늦게 나타난 양식으로 알려져 있다. 석탑의 팔부중상 문양은 대개 앉은 자세인데, 중국에서 유래된 것으로 보이는 입상과 달리 기본형의 유래를 몰라 외국유래설과 독자창안설이 엇갈린다.

(4) 십이지신상

십이지신은 땅을 지키는 일을 하며 약사여래를 수호하고 약사의 대원을 실현시키고자 하는 신장이다. 십이지는 각기 다른 지물을 지니고 동물의 머리에 사람의 몸을 하였다. 12야차대장, 12시왕이라고도 불린다.

십이지 사상은 이집트, 그리스, 중앙아시아 인도, 중국, 한국, 일본 등 광범위하게 성행하였다. 시간과 방위에 대응시켜 일상의 척도로 활용된 것은 중국에서부터 이며, 도교의 방위신앙에서 영향을 받은 것으로 보고 있다. 십이지상의 형태, 용도는 시대와 지역에 따라 다르게 나타난다.

십이신장의 이름과 지물

이 름		지 물	간지	형 상
1	굼비라	방망이	寅	호랑이 머리에 사람 몸
2	바지라	칼	卯	토끼 머리에 사람 몸
3	미히라	방망이	辰	용머리에 사람 몸
4	안디라	쇠망치	巳	뱀 머리에 사람 몸
5	마니라	깍지	午	말 머리에 사람 몸
6	산디라	칼	未	양 머리에 사람 몸
7	인디라	몽둥이	申	원숭이 머리에 사람 몸
8	파치라	쇠망치	酉	닭 머리에 사람 몸
9	마구라	도끼	戌	개 머리에 사람 몸
10	신두라	쇠사슬	亥	돼지 머리에 사람 몸
11	카두라	쇠망치	子	쥐 머리에 사람 몸
12	비가라	보륜	丑	소 머리에 사람 몸

우리나라에서 언제부터 신장에 대한 신앙이 시작되었는지는 정확히 알 수는 없으나 삼국 초기 불교가 전래될 때 함께 시작되었다고 추측된다. 팔부중과 십이지신상이 탑에 조각으로 나타난 것은 8세기 이후로 보인다.

한국에 십이지 신앙은 약사신앙과 밀접한 관련을 지닌다. 이 십이지 신앙은 신라가 삼국을 통일하기 전까지는 밀교의 영향으로 호국적 성격을 지녔으나, 삼국통일 이후에는 단순한 방위신으로 그 신격이 변모

되었다. 왕릉에 호석으로 방위를 나타내거나 탑을 만들 때 그 기단부에 십이지신상을 조각 하였는데, 경주 원원사지에 있는 삼층석탑은 그 효시가 되고 있다.

십이지신(뱀)

십이지신(말)

경주 원원사지 동서탑

탑 세부도

3. 한국불상의 특징

한국에 최초로 불상이 전해진 것은 고구려 소수림왕 2년 불교가 처음으로 전해진 때와 그 시기를 같이 한다. 고구려 불상은 북위불의 영향을 받았으며, 백제 불상은 중국 남조의 영향을 받아 인간적이며 소박한 백제의 미소를 특징으로 한다. 신라는 당시의 관행으로 보아 흥륜사가 창건된 540년대부터 불상이 제작되었을 것으로 추정된다. 574년에는 황룡사에 6척이나 되는 장륙존상이 주조되었다고 기록된 것으로 보아 이미 그 이전에 불상을 만든 경험이 있었을 것이다. 신라의 조각은 석굴암에서 정점을 이루었다가 이후 신라의 조각은 쇠퇴해 가지만 신라 말기에는 철불이 등장한다.

신라를 이어받은 고려는 불교가 국교라 하지만 의례화하고 형식화한 점이 보인다. 고려 초기에는 신라 불교를 이어받아 귀족적 관료에 의한 교종불교를 신봉하다가 무신정권의 집권이후 선종이 주류를 이루게 된다. 또한 밀교의 주술적 작법 및 풍수도참과 습합된 불교의 세속화가 두드러진다. 그리고 라마교의 영향으로 불상양식이 추상화하는 등 약간의 신비화 상징화의 변화를 보여주는 도상도 생겨난다. 고려에서도 우수한 불상은 줄곧 조성되었으나 경직되고 도식화된 불상이 많이 조성되었다. 그것은 국가적 불사가 조각이 아닌 불화나 대장경 조판으로 기울여졌기 때문이라고 할 수 있을 것이다.

조선시대에 들어오면 억불숭유 정책이 조선의 종교정책으로 자리잡는다. 곧 사원과 사원경제조직의 개혁, 사원 통폐합, 승니(僧尼)의 도성출입금지 등 이른바 억불 조치에 따른 불교 자체의 지위 격하와 연산군의 폐불 등 박해가 시작된다. 시대에 따라 사찰이 중건되거나 재창건되기도 하였지만 그러나 전반적으로 사찰 창건 등의 불사는 제한되었고, 그 대신 단청과 불화 등이 행해졌다.

1) 삼국시대의 불상양식

삼국시대의 석조 불상의 경우 대부분 암벽에 부조(浮彫 : 돋을새김)로 표현된 조각이 많다. 그중에서도 서산마애삼존불상(국보 제84호)은 조각 수법이 우수할 뿐 아니라 얼굴 표정에 보이는 밝고 티 없이 웃는 모습은 '백제의 미소'라 불릴 만큼 특징적이다. 신라의 불상도 아기 같은 둥글고 복스러운 얼굴과 신체, 순진무구한 미소를 보이고 있다. 또, 삼국 시대의 불상 중에는 특히 반가사유보살상이 많이 만들어졌다. 삼국 시대의 말기, 즉 7세기 중엽에 가까워지면 불상의 표현에는 얼굴이나 불신의 묘사에 입체감이 강조되고 법의 표현도 자연스러워진다. 배리 삼존불에 나타나듯이 불상의 앞 부분뿐 아니라 옆면이나 뒷면의 묘사에도 관심을 두는 그야말로 입체조각으로서의 형태를 갖추게 된다.

현존하는 7세기의 석조 불상들은 대체로 신라 지역에 많이 남아 있어 비록 삼국 중 불교가 뒤늦게 공인되긴 하였으나 그 조상 활동은 7세기 전반경부터 활발히 성행한 것을 알 수 있다. 7세기에 제작된 우수한 금동불상 중에 특히 관음상이 많이 전하고 있다. 7세기에 들어와서 만들어진 보살상 표현에서는 신체의 비례가 균형이 잡히고 세부 묘사가 구체적이다. 그리고 서 있는 자세와 늘어진 천의의 자연스러운 표현은 조형적으로 균형 잡힌 불상으로 발전되어 가는 것을 알 수 있다.

이 시기의 양식을 살펴보면 다음과 같다.

① 몸은 날씬하고 얼굴은 갸름하다. 그러나 얼굴이 몸에 비해 다소 크게 표현되었다.

② 눈은 은행열매 같고 입가에 미소가 있다.

③ 법의는 통견이고 두껍다.

④ 옷 주름은 좌우대칭으로 표현되었고 양옆으로 고기의 지느러미와 같이 좌우로 전개된다.

⑤ 좌상에 있어서는 상현좌의 형식을 취하였고 좌우대칭으로 복잡한 옷주름이 나타나 있다.

⑥ 보살상은 천의 자락이 앞에서 X자형으로 교차된다.

⑦ 목에는 삼도가 표현되지 않았다.

⑧ 수인은 통인이나 여원인에서 약지와 소지를 구부린 것이 많다.

⑨ 자세는 입상과 좌상이 많으나 반가상이 유행한다.

⑩ 대좌는 연화대좌가 많고 광배는 주형(舟形), 보주형이 많은 데 주형광배 주위에는 화염문이 조각되어 있다.

⑪ 말기부터 암석에 감실을 파고 그 안에 불상을 조각하는 석굴 초기의 형식이 등장한다.(불곡 감실불상, 단석산 석굴)

연가7년명 금동불입상

금동관세음보살입상

금동보살입상

삼양동 금동관음보살입상

서산 마애삼존불

삼화령 미륵삼존불(국립경주박물관)

경주 배리 삼존불

2) 통일신라시대의 불상 양식

통일신라시대는 우리나라 불교문화의 전성기라 부를 수 있다. 삼국시대의 양식과 축적된 기술을 기반으로 하여 새로이 전래된 당의 양식을 흡수하면서 원숙한 조각기술과 신앙심으로 황금기를 맞이하게 되었다. 나아가서 중국을 넘어 서역과 인도로 이어지는 불교 문화의 국제적인 요소 또한 신라의 불교 미술에도 반영되어 신라의 불교 미술은 다양한 외래 양식의 수용과 새로운 변형 그리고 토착적인 요소가 합하여져 독특한 통일신라의 불상 양식으로 발전되어 나갔다. 신라 전역에 광대한 사원이 건립되었고, 삼국시대부터 있었던 석조불, 마애불은 물론 새로이 철조 불상을 조성하였다. 그러나 이러한 원숙한 기법도 8세기 중엽을 정점으로 차츰 쇠퇴기를 맞이하게 되었다.

전반적인 불상은 표현의 원칙에 있어서도 신체의 균형 잡힌 비례감, 날씬한 몸매에 조화되는 영락 장식 그리고 정면뿐 아니라 측면·뒷면의 입체적인 표현에 더욱 관심을 둠으로써 조형적으로 아름다운 불·보살상 형태로 나타난다.

이 시기 통일신라시대의 불상 표현의 형식을 보면 입상은 여원인과 시무외인의 통인(通印)을 보여 주는 불상이 많고 약함을 든 경우도 많이 눈에 뜨인다. 법의의 형태는 크게 두 가지로 분류할 수 있다. 그 하나는 경주구황리금제여래입상(국보 제80호)과 같이 법의가 양어깨를 덮은 통견으로, 주름이 가슴 앞으로 여러 겹의 U자형의 곡선을 형성하면서 늘어져 있다. 또 다른 형식은 경상북도 선산에서 출토된 금동불입상이나 감산사석조아미타불입상(국보 제82호)과 같이 통견의 법의가 가슴 앞에서 U자형으로 내려오다가 허리 밑에서 Y자형으로 갈라

져서 각기 양다리 위에서 U자형의 주름을 형성하면서 좌우 대칭을 이루는 형식으로 특징지어진다. 신라에서는 이 두 가지 형식이 주류를

구황리 금제여래입상(국립중앙박물관)

감산사 석조미륵보살입상(국립중앙박물관)

감산사 석조아미타여래입상(국립중앙박물관)

이룰 만큼 대다수를 차지하며, 상의를 입는 방식에 따라 각기 몇 종류의 유형을 형성하여 토착적인 양식으로 발전하였다.

불좌상의 경우는 대부분 결가부좌의 자세를 취하고 있다. 수인은 설법인, 또는 시무외인과 촉지인이 결합된 손 모양을 한 예도 있다. 7세기 말부터 나타나서 유행하기 시작한 불상 중에는 촉지인의 예가 많이 보인다. 촉지인의 불상에는 석굴암의 본존과 같이 편단우견의 상이 많다.

통일 신라 시대의 보살상은 삼국 시대 말기의 양식에서 좀더 화려한 영락 장식을 하고 몸의 자세도 똑바로 선 자세에서 탈피하여 허리를 약간 비틀면서 한쪽 다리를 살짝 구부린 듯 자연스럽게 선 자세로 바뀐다. 천의도 자유롭게 걸쳐 있고 영락 장식도 화려하게 변한다.

통일 신라 시대 불상 조각 중 가장 우수하며 또한 대표적인 예는 경주 토함산에 있는 석굴암의 조상들이라 하겠다. 1995년 말 석굴암이

백률사 금동약사여래입상(국립경주박물관)

불국사 금동아미타여래좌상

세계적으로 보존해야 하는 세계 문화 유산의 하나로 유네스코에 의해 지정되었다.

통일 신라 시대의 후기, 즉 8세기 말에서 9세기에 이르면 금동상이 많이 줄어드는 반면 석조나 철불상이 많이 등장한다. 특히 이 시기에는 지권인(智拳印)을 한 비로자나불좌상이 많이 만들어진다. 이 불상은 원래 밀교 종파에 있어 금강계의 법신불로 숭상되는 보살형 대일여래상과 같은 성격인데, 다른 밀교 조상은 별로 등장하지 않고 지권인의 비로자나불만이 선종 사찰에 많이 봉안되어 있다. 이는 통일신라 후기의 선종계의 불교가 화엄 사상 교리의 영향을 받아 화엄의 주존인 비로자나불을 예배한 것으로 추정된다. 또 아미타여래상이 많이 만들어졌다. 이는 불교 사상의 변화를 반영하는 예이다.

이 시기 불상의 특징을 요약하면 아래와 같다.

① 육계는 작아지고 나발이 많아진다.

② 미소가 사라지고 단정 근엄한 모습이 된다.

③ 목에 삼도가 나타난다.

④ 법의는 편단우견이 많아진다.

⑤ 의문의 표현에서 좌우대칭 양식이 사라지고 자유롭게 표현된다.

⑥ 상현좌의 형식이 사라지고 의단은 대좌위로 올라가 대좌가 완전히 노출된다.

⑦ 대좌는 복련의 하대석, 8각 혹은 6각의 중대석, 앙련의 상대석으로 구성된다.

⑧ 수인은 통인이 사라지고 다양하여진다.

⑨ 보살상의 자세는 정면 직립의 자세에서 3존일 때 몸을 본존 쪽으로 틀거나, 독존일 때 3굴의 자세를 취하는 등 자유롭게 표현한다.

⑩ 보살상의 천의가 자유롭게 표현된다.

⑪ 보살상의 장신구가 보다 많아진다.

⑫ 모든 불상은 살이 찌고 관능적으로 표현된다.

보리사 석조여래좌상

실상사 철조여래좌상

3) 고려시대의 불상 양식

고려시대는 불상조성의 기법은 현저한 퇴화를 가져왔다. 불상의 양식은 대체로 신라시대의 양식을 계승하였으나 표현은 더욱 둔화되고 위축되었다.

고려 시대에는 대체로 통일 신라 말기에서부터 유행하던 촉지인의 불좌상이 계속 조성되었다. 그리고 우견 편단이나 통견의 법의는 약간씩의 변형을 이루면서 고려적인 독특한 불상 양식을 이루어 나갔다. 고려 불상의 양식적인 특징을 살펴보면 눈꼬리는 길게 옆으로 돌아가고 입은 괴상한 표현이 된다. 한마디로 관촉사의 석조 보살상(보물 218호) 같은 대작을 만들기는 하였으나 우수한 작품은 만들지 못하였던 것이라 할 수 있다. 이와 같은 쇠퇴의 원인은 선종의 영향이 크며 다른 한편으로는 고려 불교의 성격과 관련 있다.

불상에 있어 상의 의미는 두 가지 측면이 있다고 한다. 그 하나는 예배의 대상으로서의 상이다. 이 때의 인간은 불상이 표현하고 있는 불력에 의하여 구제 받으려고 한다. 말하자면 절대 귀의의 대상이 된다는 것이다. 이럴 경우 불상은 되도록 대작을 조성하게 된다. 다른 한편 불상은 자력적인 의미를 지닌다. 이 때에 불상을 보는 자는 불상이 지니고 있는 불심을 자기 마음으로 하고자 한다. 이럴 경우 불상은 되도록 작게 만든다. 말하자면 수법에 필요한 불상인 셈이다.

고려 시대에는 선종이 큰 세력을 형성하였지만 전체 고려사회의 입장에서 보면 대규모의 불교신앙의례가 성행하였다. 이는 불교신앙의 대중적 성격에 기인한다. 이럴 경우 불상은 불심을 지니려는 수행적 의미보다는 절대귀의 대상으로서 또는 예배의 대상으로서 다가오므로 자연히 대작불상을 조성하게 된다고 한다. 즉 고려불상에 있어 대작이 많다는 것은 고려불교의 대중적 성격에 기인하는 것이다.

또한 고려불상에 있어 눈 꼬리가 길게 옆으로 돌아가고 입이 괴상하게 표현되는 것은 일반적인 불상의 미적기준에서 보면 퇴화현상이라 할 수 있다. 그러나 이것은 선 미술의 입장에서 보면 파격적인 측면을 나타내고 있어 이를 선종의 영향에 의한 고려불상의 퇴화현상이라고 하기보다는 선종양식의 조상 예라고 이해하는 것이 좋다고 한다.

대체로 고려시대 전기에는 지방에 따라 몇 가지의 특징 있는 불상군이 제작되었다. 그 중 하나로 강원도 강릉 주변의 월정사・한송사지・신복사지의 석조나 대리석 보살상을 들 수 있다. 이 상들은 신라 말기의 불상 양식을 이어 주는 것 같으면서도 통통하고 풍만한 조형성은 중국의 송이나 요시대의 불상 양식이 어느 정도 반영된 형태이다.

또한 다른 한 유형은 강원도 원주나 경기도 광주, 충청남도 충주 지역에서 출토된 거대한 철불들이다. 대표적인 예가 광주 하사창리 대철불좌상(보물 332호)과 보원사지 철불좌상을 들 수 있다. 이 불상들은 신라 말기의 양식이 부분적으로 이어지면서도 지방색이 강한 특이한 불상 양식을 보여 준다. 이러한 점은 고려 초 이 지역에서 활약하던 호족들의 적극적인 불사의 후원과도 관련지을 수 있을 것이다.

또 다른 유형은 충청남도의 석조불・보살상, 전라북도 지역에 많이 보이는 기둥같이 큰 몸체에 관을 쓴 관촉사석조미륵보살입상(보물 제218호)・대조사석조미륵보살입상(보물 제218호)・개태사지석불입상(보물 제219호)이다. 토착적인 혹은 지방색이 강한 불상 형태가 많이 보이는데, 민간 신앙과도 밀착되어 조성된 것으로 생각된다. 거대한 불상의 조성은 또한 고려 왕실의 지방적 기반을 강화하는 의미도 반영되었다고 해석된다. 그러나 불상 조성의 의욕은 크나 기술면에서 뒤떨어진 조형 감각을 보여 주고 있다.

고려 후기에는 원나라 황실과의 관계에 따라 라마 불교가 전해져서 현존하는 불상 중에는 티베트 · 네팔 계통의 이국적인 요소가 보이는

미륵사지 미륵불

법주사 마애불

월정사 보살상(모형)

특이한 불상 양식이 혼재하고는 있다. 그러나 근본적으로는 고려 초기에 형성된 조각 양식이 좀더 큰 영향력을 지니면서 부드럽고 온화한 조상 양식으로 발전해 나갔다.

대표적인 작품으로는 장곡사금동약사여래좌상(보물 제337호)과 문수사금동아미타여래좌상을 들 수 있다. 더욱이, 이 두 상은 1346년에 조성되었음을 알려 주는 명문이 있어 고려 후기 불교 조각의 편년 설정에도 매우 중요한 기준이 되는 예이다.

4) 조선시대의 불상 양식

조선시대는 숭유배불정책에 의해서 불교가 위축되었다. 사회적 공인을 얻지 못한 개인 신앙으로서의 불교는 국민의 사회사상과 생활에 곧바로 직결되지 못하였다. 그리하여 이러한 환경 속에서 조성된 불상은 형식적으로 아름답지 못하였고, 신앙적으로도 깊이가 없었다. 억불숭유 정책에 따라 조선시대의 불교는 중앙 집권층의 관심에서 떠나 쇠퇴의 길을 걷게 되며 고려 말까지 형성된 조각 양식의 답습과 형식화가 오랫동안 지속되었다. 정형화된 옷주름, 승각기의 평행 띠 주름 선, 침잠한 얼들 등 14세기 후반부터 나타난 조선조 양식이 16세기가 되면 정착된다. 이 시기 조각 가운데 대표적인 에가 기림사 건칠보살좌상(1501년, 보물 415호)이다.

분황사 약사여래입상

조선 후기 숙종과 영·정조시대에 사찰중건이 많이 이루어졌다. 이에 따라 수많은 불상들이 만들어졌고 특징적인 양식을 나타내었다. 이 시기 불상들은 석가모니불과 아미타여래, 명부전의 지장보살상과 시왕상, 나한상이 주류를 이룬다. 불상의 재료는 목불상과 소조불상이 대부분을 차지하고 있다. 조선 시대의 불상은 불신의 비례에서 머리 부분이 크고, 번잡한 장신구, 조각 수법에서 형식에 흐르고 답습적이어서 그 형태가 거의 비슷한 개성이 없는 불상으로 표현되었다.

조선시대 불상양식의 변천을 보면 대체로 다음과 같은 것이 지적된다.

① 인체의 파악이 부족하다.

② 측면관에 있어 등이 앞으로 굽고 턱이 내밀리고 있다.

③ 얼굴에는 개성이 나타나 있지 않다.

④ 법의는 두터워지고 인체의 표현이 없다.

⑤ 의문은 사실적이 아닐 뿐 아니라 형식적인데 그친다.

⑥ 전체적으로 속화된 감이 농후하게 나타난다.

기림사 건칠보살좌상

상원사 문수동자상

Ⅲ. 한국의 탑

탑(塔)은 불상과 더불어 한국불교문화의 대표적인 문화유산이다. 『삼국유사』에는 경주를 가리켜 “절은 밤하늘의 별처럼 널려있고, 탑은 기러기 행렬처럼 줄지어 있다”고 했다. 원래 절과 함께 있었던 목조 건물은 세월이 흐르면서 폐허화되거나 불타 버려도 석탑만은 남아서 절의 흔적을 보여주고 있다.

탑은 인도에서 석가모니가 열반 후 석가모니의 유품과 사리를 보관하기 위하여 만든 무덤에서 유래한 것으로, 부처의 진신사리를 봉안하여 예배하는 대상물이다. 부처의 사리가 봉안되어 있는 건조물인 탑은

인도탑

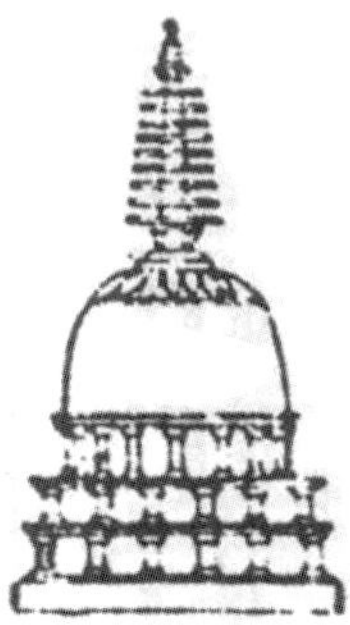

간다라탑

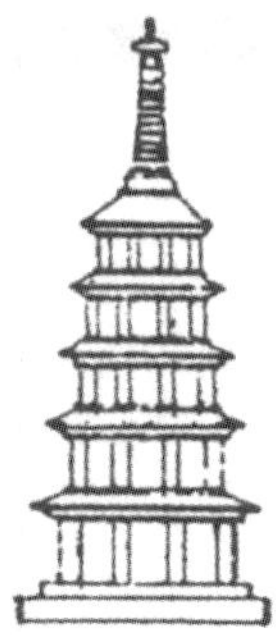

중국탑

〈인도, 중국탑모양〉(『한국의 불교미술』 부록)

불상이 만들어지기 전까지는 부처를 상징하는 가장 중요한 예배물로서 존중 받았다. 탑은 불교에서는 신앙대상이지만 문화재적인 의미로서는 중요한 미술품의 하나이다. 탑의 양식은 나라와 시대에 따라 다르게 표현되고 있다. 인도의 탑양식은 흙을 쌓아 올린 분묘형에서 유래하였으므로 반구형의 복발형(覆鉢塔)이 많이 있다. 남인도와 동남아 각국의 탑은 그 정상부(頂上部)가 뾰족하게 된 원추형으로 조성되었다. 중국이나 한국에서는 본래는 탑의 중심인 복발이 더욱 소형화되고, 우리나라 탑에서는 탑 꼭대기 상륜부(相輪部)를 장식하게 된다. 그러나 그 모양은 인도탑의 반구형의 원형을 그대로 지니고 있다.

1. 탑의 기원

1) 탑의 의미 = 부처의 무덤에서 유래

'탑'은 '탑파(塔婆)', '스투파(窣堵婆)'라고도 쓰는데, 이를 의역하여 '방분(方墳)' 또는 고현처'(高顯處)'라 일컫기도 한다. 스투파는 고대 인도어의 stupa의 소리를 한자로 표기한 것이며, 탑파는 파리어(Pali)의 thupa를 한자로써 표기한 것이다. 스투파의 원뜻은 '신골(身骨)을 담고 토석을 쌓아 올린 불신골(진신사리)을 봉안하는 묘'라는 의미를 갖고 있다. 다시 말하면, 탑이란 '석가모니의 사리를 봉안하기 위한 축조물'에서 비롯되었다고 하겠다.

탑이란 교주인 석가모니의 진신사리를 모신 사리탑이므로 불가에서는 가장 존엄한 존재이고 예배의 중심이 되기 때문에 반드시 절 경내의 중심부 곧 법당 바로 앞에 건립하여 신앙의 중심으로 삼고 있는 것이다. 승려의 사리탑은 부도(浮屠)라 하여 불가에서 숭배의 대상은 될 수 있을지라도 신앙의 중심이 될 수는 없기 때문에 사찰 경내에서 벗어난 한적한 곳에 건립하는 것이 통례로 되어 있다.

2) 탑의 기원

탑의 건립도 인도에서 시작되었다. 부처가 사라쌍수 아래에서 입멸하자 다비를 한 후, 나온 사리를 똑같이 여덟 나라에 나누어주어 각기 탑을 세웠다. 이를 '분사리(分舍利)' 또는 '사리팔분'이라고 한다. 또 분사리할 때 사용한 병으로 탑을 세우고, 사리 분배 때 참여하지 못한 사람들은 그 재를 모아 회탑(灰塔)을 세우니 합계 10탑이 건립되었다고도 한다. 이것이 최초의 탑으로 부처의 진신사리를 모신 것이다.

통도사 사리탑

이후 마우리아(Maurya)왕조의 아쇼카왕(BC 273~232)은 불사리를 안치한 8탑을 발굴하여 불사리를 다시 8만 4천으로 나누어 전국에 널리 사리탑을 세웠다고 한다. 8만 4천이라는 숫자는 '많다'는 상징적인 의미일 뿐 이러한 전승을 그대로 믿을 수는 없지만, 불심이 깊은 아쇼카왕이 넓은 지역에 많은 탑을 일시에 건립한 것은 틀림없는 사실이며 인도 각지에는 아쇼카 시기까지 기원이 올라가는 스투파들이 많이 남아 있다. 기원전 3세기 아쇼카왕 때의 불교 중심지였던 산치(Sanchi)에는 지금도 거대한 불탑이 남아 있어서 당시의 상황을 짐작할 수 있다. 이 '산치탑'은 거대할 뿐만 아니라 4대 탑문(塔門)과 주위 난간의 조각들이 아름답고 또한 가장 오래 된 불탑으로도 널리 알려져 있는 세계 제1의 탑이다.

이후 불사리가 부족하자 부처를 상징하는 것으로 탑을 세웠는데 진신사리 대신 금·은·옥 또는 불경이나 작은 금동불상 등을 봉안하기도 하였다. 이것을 법신사리라 한다.

3) 탑의 종류

탑의 형태에 따라 복발형탑, 다보탑, 오륜탑, 사리탑, 다층탑, 무봉탑 등올 나누며, 재료에 따라 목탑, 석탑, 전탑, 모전석탑, 청동탑, 금동탑 등으로 구별한다. 여기서는 재료에 따른 종류를 살펴보기로 한다.

불국사 사리탑

통도사 사리탑(금강계단)

목탑

재료가 목재인 관계로 불타기 쉬워 삼국시대 목탑은 남아있지 않다. 고구려의 경우 『삼국유사』에 광개토왕 때 요동성 가까이에 7층 목탑을 세웠다는 기록이 있다. 신라시대의 목탑 흔적으로 경주 황룡사9층목탑지, 사천왕사 목탑지, 망덕사 목탑지, 기림사 목탑지 등을 볼 수 있다. 백제의 목탑지로 부여 군수리사지, 부여 구아리 사천왕사지, 익산 왕궁면 괘석사지 등이 있다. 조선후기인 17세기 초반의 건축물인 충북 보은군 속리산의 법주사 팔상전은 옛 목탑 양식을 보여주는 유일한 것이다.

법주사 팔상전

황룡사 구층목탑(모형)

전탑(塼塔) · 모전석탑

중국에서 활발히 조성된 전탑은 우리나라로 전파되었으리라 짐작된다. 그러나 우리나라의 전탑 조성은 그다지 크게 유행하지는 못하였다. 통일신라라는 특정시기에 안동지방에 집중적으로 건조되었으며 전탑계 모전석탑과 석탑계 모전석탑이 있다. 그리고 모전석탑은 전탑과 같이 석재를 벽돌형으로 다듬어 모전을 생산하여 탑을 세우

신세동 전탑

는 형태여서 많이 만들어지지 못했다.

안동 조탑동 전탑

의성 탑리 오층탑

빙산사지 오층탑

송림사 전탑

청동탑 금동탑

가람배치의 중심적인 존재가 아닌 건물내의 봉안탑으로 만들었던 것이어서 공예품에 가깝다.

청동탑

석탑(石塔)

우리나라에서 가장 많이 만들어지는 것. 돌을 재료로 하여 만든 탑. 재료로는 화강암을 사용하는 것이 일반적이지만 안산암이나 점판암 수성암이나 납석 등을 사용하기도 한다.

한국 석탑의 발생기는 삼국시대 말기인 600년경으로 추정한다. 불교를 받아들인 4세기 후반부터 6세기 말엽까지의 약 200년간은 목탑의 건립시기로 이때 목탑의 경영과 기술의 축적이 석탑에 이어 졌으리라 본다. 석탑은 백제에 의해 건조되었는데 그 양식 역시 목탑을 본떠 만들었음을 익산 미륵사지 석탑을 통해 알 수 있다.

2. 탑의 부분별 이름

탑은 크게 아랫부분인 기단부, 중간부분인 탑신부, 맨 윗부분을 상륜부로 나눈다.

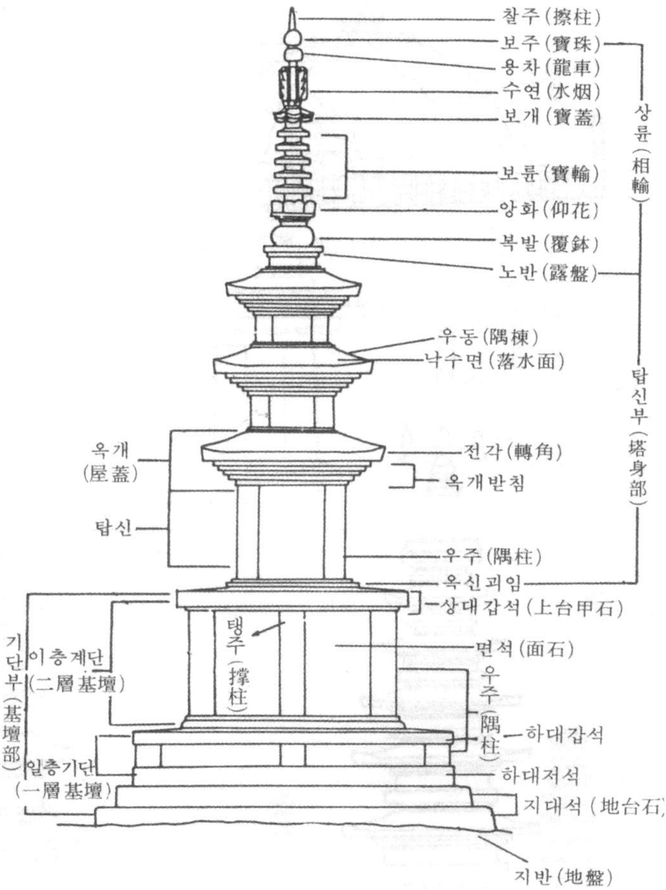

〈탑의 세부명칭〉(『한국의 불교미술』 부록)

〈기단부〉

탑의 기초가 되는 부분으로 무게를 지반에 폭넓게 전달하는 역할을 한다. 기단부는 1층이나 2층으로 마련하는데, 보통 1층으로 된 기단을 단층기단, 2층으로 된 기단을 이층기단이라 하며, 이때 아래층을 하층기단, 위층을 상층기단이라 한다.

지대석 : 기단부와 지면이 닿는 부분에 놓이는 석재로 탑을 세우는 기초이다. 보통의 경우 장대석이나 넓은 판석 등으로 무게 전달이 용이하도록 되어 있다.

탱주(사이기둥) : 기단면석에서 우주(隅柱) 안쪽 면석부에 세워진 기둥으로 이것의 갯수는 시대에 따라 다르게 표현된다. 그러므로 탱주의 갯수는 석탑의 건립시기를 구분하는 기준이 되기도 한다. 이러한 탱주(撑柱)는 탑의 몸체 부분 가운데에 도드라지게 새겨 지붕을 기둥

기단부

처럼 받치는 형태로 목조건축에서 평주를 번안한 것으로 추정된다.

우주(귀기둥) : 기단의 면석과 탑신석의 가장자리에 세워진 기둥이다. 목조건축의 기둥에 해당한다.

면석 : 우주와 탱주 사이의 벽을 막아댄 넓은 돌로 여러 장의 판석(넓직한 돌)으로 되어있다. 그 위치에 따라 상층기단면석, 하층기단면석으로 구분한다.

갑석 : 기단의 윗부분에 놓이는 넓은 석재로 여러 장의 판석을 활용하여 조립하는데 그 위치에 따라 상층기단갑석, 하층기단갑석으로 구분한다.

부연 : 상층기단갑석의 밑 부분에 만든 받침으로 주로 각형 1단을 활용하여 만들어진다. 간혹 낙수홈을 마련하여 빗물을 차단하는 역할을 한다.

〈탑신부〉

탑의 몸체에 해당되며 옥개석(지붕돌)과 탑신석(몸돌)이 합쳐진 것이다.

탑신부(석가탑)

탑신석(몸돌) : 석탑의 몸체에 해당되는 부분으로 몸돌이라 한다. 각 면 가장자리에 우주를 세운다.

옥개석(지붕돌) : 탑신석 상면에 놓이는 석재로 목조건축의 지붕에 해당한다.

옥개받침(층급받침) : 옥개석의 아

래 부분 마련된 네모난 형태 받침으로 목조건축의 공포에 해당된다. 옥개받침 수도 시대에 따라 다르게 나타나므로 탑의 건립시기를 구분하는 기준이 된다.

전각 : 옥개석의 처마와 처마가 만나는 지점으로 시대별로 특징을 보이고 있다. 전각부의 처마가 치켜 올라간 정도를 반전이라 하는데 일반적으로 통일신라시대 석탑은 전각의 반전이 경쾌하고 날렵하며, 고려시대의 석탑은 둔중한 감을 주고 있다.

석가탑 상륜부

〈상륜부〉

노반 : 상륜의 맨 아래에 있는 반(밥상의 형태로 여기면 됨)으로 이는 귀한 사람을 모실 때나 혹은 신성한 물건을 다룰 때 높이는 뜻에서 만들어진 것으로 경의를 표하는 의미이다.

복발 : 분묘의 형태로, 인도 탑의 모양이 반영된 것이다.

월정사 팔각 구층석탑 상륜부

앙화 : 신전이나 궁전을 의미한다. 이것은 부처나 보살이 앉는 연화좌로 귀한 자만을 모시는 자리로 표현되어 진 것이고, 아울러 항상 깨끗함을 상징하는 것이다.

보륜 : 인도에서 이상적인 전륜성왕을 불교와 연결시켜 불법을 전파시킬 수 있는 자, 최고의 자리를 의미한다.

보개 : 구슬같은 보석으로 장식된 천개

(우산)를 말하며 최고의 신분을 의미한다.

수연 : 불꽃모양을 한 것으로 화재를 꺼리는 관습에서 유래한 것이다.

용차 : 용은 곧 왕을 상징하며 최고의 자리를 의미한다.

보주 : 더러운 것에 오염되지 않는 진다마니(振多摩尼)를 줄인 말로 여의주 또는 마니주라고도 한다.

3. 석탑의 시대별 특징

1) 삼국시대 : 석탑의 발생과 시원 양식

한국에 탑이 전래된 시기는 불교의 전래와 함께라고 생각하지만 전해지는 실물은 없다. 다만 금관가야 허황후설화와 관련된 파사석탑이 해로를 통해 인도탑이 들어왔다는 흔적을 남기고 있다.

파사석탑

우리나라에서 석탑이 발생한 시기는 삼국시대 말기인 600년경으로 추정된다. 불교가 전래된 4세기 후반부터 6세기 말엽까지 약 200년간은 목탑(木塔)이 건립되었다. 이러한 목탑의 유행에 이어 삼국시대 말기에 이르러 백제에서 석탑이 건조되지만, 그 양식은 당시에 유행하던 목탑을 본뜬 것이었다. 백제시대의 석탑으로 현재까지 남아 있는 것은 미륵사지 석탑과 부여 정림사지 오층석탑뿐이지만 이 2기의 초기석탑에서 석탑의 발생 과정을 살펴볼 수 있다.

미륵사지 석탑을 한국 석탑의 시원으로 보는 이유는 그 양식이 목탑과 가장 흡사하다는 점에 있다. 이 탑은 당시 유행되던 목탑의 각 부 양식을 목재 대신 석재로 바꾸어 충실하게 구현한 것으로, 특히 기단부는 목탑에서와 같이 낮고 작다. 또 탑신부의 중심에 거대한 사각형 돌기둥이 있는데, 이것이 바로 석탑의 찰주(擦柱 : 탑의 중심기둥)로서 이러한 네모 기둥이 지탱하고 있는 것도 목탑의 형식과 같은 점이다.

각 면에는 엔타시스(entasis : 배흘림)를 표시한 장방형 석주를 세우고 그 위에 평방(平枋)과 창방(昌枋)을 가설하였으며, 다시 두공양식을 모방한 3단의 받침이 있어 옥개석을 받고 있다. 이것 또한 목조 건물의 가구(架構)를 본받고 있는 것이다. 즉, 목조 가구의 세부까지도 석재로 충실히 모방한 한국 최초의 석탑으로서, 백제에서 석탑이 발생하는 과정을 뚜렷하게 보여주고 있다.

한편, 부여 정림사지 오층석탑도 미륵사지 석탑과 함께 백제 석탑이 목탑의 모방에서 시작되었다고 추정할 수 있는 근거를 보여 주고 있다. 현재 상륜부는 노반석만 남아있는데 노반석(露盤石)까지의 석재가 149개나 되는 점도 이 탑이 목조가구의 모방임을 알 수 있는 것이다. 미륵사지 석탑을 본받기는 하였으나 그 시원에서 다소 벗어나 발전된 수법을 보이고 있어 석탑 발달과정을 고찰하는 데 중요하다.

백제 석탑양식은 기단은 낮고 좁은 단층기단이다. 옥개석은 끝이 조금 얇고 넓은 돌로 이루어졌으며 각 층 우주(모서리 기둥)에 배흘림기

익산 미륵사지 석탑(복원)

부여 정림사지 석탑

둥기법을 쓰고 있으며, 옥개석 아래 부분에 목조건축의 가구형식을 모방하는 등 특징을 지니고 있다.

정림사지 석탑 세부도

신라의 석탑은 전탑(塼塔)을 모방하는 데서 출발하였다(모전석탑). 신라 석탑으로 가장 오래된 것은 경주의 분황사 석탑(국보 제30호)이다. 이 탑은 전탑 양식에 속하는 것 같으나 그 재료는 벽돌이 아니고 석재이다. 이 탑은 장대석으로 구축한 단층의 기단을 갖추고 있으며, 그 중앙에는 탑신부를 받기 위한 널찍한 1단의 화강암 판석 굄대가 마련되어 있는데, 안산암을 소형의 장방형 벽돌같이 절단하여 쌓아올린 모전석탑이다. 분황사 모전석탑과 관련된 탑으로 경상북도 의성에 있는 의성 탑리 오층석탑(국보 제77호)을 들 수 있다.

분황사 모전석탑

의성 탑리 오층석탑

이상의 탑들에서 살펴보았듯이 백제계의 석탑은 목탑계 양식을 따르는 반면, 신라는 전탑계 양식을 모범으로 삼았다. 또 양국의 초기석탑은 그 기본 평면을 정방형으로 하여 다층을 이루었다는 사실과 석재를 사용하였다는 점에서 일치하고 있다.

2) 통일신라시대 석탑의 양식

(1) 한국석탑의 모델: 석가탑

백제와 신라의 초기 석탑들은 서로 그 양식을 달리해서 출발했지만, 얼마 뒤 하나의 양식으로 통일을 보게 된다. 여기에서 비로소 한국 석탑의 전형이 성립되었는데, 이러한 계기를 마련해 준 것은 바로 신라의 삼국통일이다.

삼국통일 직후 망덕사, 사천왕사에는 목탑이, 감은사에는 삼층석탑이 건립되었다. 현재 목탑은 모두 그 터만 전해지고 있다. 통일 이후 건조된 석탑 중 가장 시원적인 양식의 표본을 보이고 있는 것은 감은사지 동서삼층석탑(국보 제112호)과 고선사지 삼층석탑(국보 제38호)이다. 그 뒤 나원리 오층석탑(국보 제39호)과 구황리 삼층석탑(국보 제37호)의 과도기적인 양식을 거쳐, 8세기 중엽에 이르러 불국사 삼층석탑(국보 제21호) · 갈항사 동삼층석탑(국보 99호)에서 전형적인 양식의 완성을 보게 되었다.

감은사나 고선사지 삼층석탑은 목조건축의 모습을 충실히 따르고 있고, 부재의 조립에 있어서도 그 기법에서 벗어나지 못하고 있다. 이 시기의 탑은 2기에 불과하지만 이후 건립되는 신라 석탑의 기본양식을 제시하였고, 결과적으로 이를 바탕으로 우리나라 석탑의 양식적 완성이 이루어졌다. 특히 감은사지 3층석탑은 쌍탑가람의 시원이 된다. 따라서 가람배치에 있어서도 기존의 단탑가람에서 감은사와 같이 쌍탑의 가람으로 변화됨을 알 수 있다.

감은사지 삼층석탑

고선사지 삼층석탑

구황리 삼층석탑

나원리 오층석탑

불국사 삼층석탑(석가탑)

8세기 중엽 경덕왕대(742~765)에 이르러 안정된 왕권과 정치제도를 바탕으로 문화적인 면 역시 황금기를 맞이하게 되었다. 불교문화 역시 융성기를 맞이하여 석굴암, 불국사를 비롯한 많은 건축물과 조형물을 건립함으로써 당시의 문화적 수준과 역량을 지금까지 전하고 있다. 석탑에 있어서도 이 시기의 양식이 이후 건립되는 모든 석탑의 근원적인 양식이 되고 있다.

이 통일된 수법을 가장 대표하는 석탑이 불국사 삼층석탑(석가탑)이다. 석재의 조립수효가 적어져서 규모는 축소되었으나, 목조건축의 양식을 완벽하게 재현하고 있고, 양식적인 면에서도 초기적인 양식을 벗어나 높은 완성도를 보이고 있다.

첫째, 이 시기 탑의 특징을 보면 기단은 2층 기단을 형성하였다. 상하기단 면석에는 각 면에 양쪽 우주(모서리기둥)와 2주의 탱주(받침기둥)를 새겼다.

둘째, 옥개석의 옥개받침이 5단으로 이루어져 있다. 탑신석과 옥개석은 각각 1석으로 구성되었다. 또한 1층 탑신에 비해 2・3층 탑신이 낮게 만들어져 체감율에 있어 안정감을 주고 있다. 즉 1층 몸돌이 현저히 높다. 낙수면의 경사는 완만하고, 처마는 수평을 이루다가 전각에 이르러 날렵한 반전을 보이고 있다. 기단부의 탱주 수와 옥개석 옥개받침 수는 이 시기의 특징을 나타내는 것이다.

이 외에 장항리사지 오층석탑과 원원사지 오층석탑처럼 탑 표면에 장엄이 가해진 석탑도 만들어져 이후 9세기의 현상을 예고하고 있다. 석탑 이외에도 주로 안동지방에서 전탑이 건립되었다. 신세동 칠층전탑, 동부동 오층전탑, 조탑동 오층전탑을 비롯하여 송림사 오층전탑 등이 남아 있다. 이 탑들은 대체로 단층기단이며, 1층 탑신석에는 감실을 개설하고 있다. 옥개석의 상하면은 모두 층단을 이루고 있고, 특히 윗면에는 기와시설을 한 공통점을 가지고 있다.

장항리 오층석탑

원원사지 오층석탑

경주 천군리 삼층석탑

신세동 칠층전탑

송림사 오층전탑

안동 조탑동 오층전탑

(2) 신라석탑의 변화

신라의 석탑은 8세기 이후 시대가 내려오면 자체의 규모가 작아질 뿐 아니라 각 부 양식에 있어서도 큰 변화를 보이게 된다. 이러한 변화는 9세기 이후 왕실의 골육상쟁과 지방 군웅의 할거로 사회가 혼란해져서 예술성이 위축된 것으로 본다. 정치·사회적 변화에 의해 자연히 각기 조형물의 규모가 작아지고 각 부의 양식도 약화, 생략된 변모를 보였다고 생각된다. 예를 들어 옥개석의 받침이 5단이던 것이 3,4단으로 줄어든다든지, 기단부 면석의 탱주가 상층부터 2주에서 1주로 줄어들거나 혹은 없어진다. 또 옥개석 윗부분의 옥신괴임도 2단에서 1단으로 약화되고 각형에서 호형으로 변하는 등 전체적인 규모에 있어서 중형 · 소형으로 위축되는 식으로 변형을 보이고 있다.

또 일반형 석탑에서 기단부의 구조가 2층기단이라는 기본형을 벗어나 하층기단이 생략된 단층기단의 양식이 출현한다. 그리고 기단부에 안상과 비천상 등이 장엄되기도 한다. 또한 상층기단면석에서도 탱주가 1주로 감소하면서 각 면에 팔부신중, 안상, 사천왕, 보살이 장엄되기도 한다. 대체로 9세기에 들면서 점차 변형이 나타나며 9세기 후반에는 현저한 변화를 보이게 된다.

부석사 삼층석탑

경주 남산리 동삼층석탑

단층기단인 경우 통례와는 달리 지대석 대신에 자연암반 위에 기단면석을 조립한 석탑도 볼 수 있다. 대표적인 예가 경주 남산 용장사곡 삼층석탑(보물 제186호), 옥룡사 삼층탑 등이다. 자연암반의 상면을 평평하게 다듬고 높직한 굄대를 마련하여 기단을 받았는데, 단층으로서 2층기단부의 상층만을 놓은 것 같은 형식으로 우주와 탱주가 모각되어 있다.

경주남산 용장사곡 삼층석탑

관덕동 삼층석탑

그리고 옥개받침은 각 층 4단씩으로 역시 1단이 줄어들고 있다.

한편, 이러한 형식들의 석탑은 곧 고려 시대의 석탑 건조 양식에 크게 영향을 주었다.

탑의 양식 변화

의성 탑리와 빙계리의 석탑이다. 같은 지역에 있는 두 탑을 보면 상당히 닮은 꼴임을 알 수 있다. 의성탑리 오층석탑은 통일신라초기이고 의성빙산사지 오층석탑은 통일신라 후기에 건립되었다.

탑리 오층석탑은 목조건물과 전탑의 양식을 모방하여 만든 대표적인 모전석탑이다. 후자는 1층 탑신 네 귀에 다른 돌로 우주를 두었는데 아래가 넓어 안정감이 있음은 전자와 같다.

그러나 두 탑이 서로 다른 시기임을 알 수 있는 방법은 우선 기단부를 보면 탱주 수가 다름을 알 수 있다. 또 옥개석의 옥개받침을 보면 하나는 5단인데 다른 하나는 4단이다. 이처럼 탱주의 수효와 옥개받침은 탑의 건조시기를 추측하는데 도움이 되는 단서이다.

의성탑리 오층탑

의성빙산사지 오층탑

〈신라탑의 양식 변화〉

시기구분	대표작	특징			비고
시원양식	익산미륵사지석탑 정림사지5층석탑	목탑의 양식을 석탑에 충실히 재현			
통일이전 시원양식	분황사모전석탑 의성탑리5층석탑	목탑과 전탑(벽돌탑)의 수용			
		기단부	탑신부	옥개석	
7세기	감은사지석탑 고선사지석탑	이층기단 탱주 3 / 2	초층탑신을 우주와 면석으로 조립	8매 구성 5단의 옥개받침 각형2단 탑신괴임	◦ 목조건축의 양식계승 ◦ 원시적 문비(門扉)형 등장
8세기 전형양식	불국사3층석탑 구황동3층석탑 봉기동3층석탑 원원사지3층석탑	이층기단 탱주 2/2	1층 탑신의 높이가 2.3층보다 증가	단일부재화	◦ 부재가 단일화→ 규모축소
9세기 전 기	부석사3층석탑 용장사지3층석탑 단속사지3층석탑	이층기단 탱주 2/1 팔부신중, 안상, 인왕의 장엄 단층기단 출현	탑신의 문비 장엄	옥개받침의 변화 5→4층으로 변화	◦ 자유로운 변화 시작
9세기 후 기	봉암사3층석탑 보림사3층석탑 화엄사동5층석탑	이층기단 탱주 1/1 단층기단	1층 탑신받침 변화 1층탑신의 높이 증가	옥개받침의 변화 5→4.3층으로 변화	◦ 장엄의 증가 ① 하층기단:안상, 비천 ② 상층기단:팔부신중, 안상, 사천왕, 보살 ③ 초층탑신:사방불, 문비, 보살
특수형 8세기 이 후	파격양식	불국사 다보탑 정혜사지13층석탑			
	장식	화엄사4사자 3층석탑, 석굴암3층석탑, 연곡사3층석탑, 진전사지 석탑, 실상사 백장암3층석탑			
	기단부 변형	도피안사 3층석탑, 석굴암 3층석탑, 남산리 서 3층석탑			
	새로운 재료	점판암을 이용한 해인사 원당암다층석탑			

(3) 통일신라시대의 특수형 석탑(이형석탑)

경주 불국사 다보탑

통일 신라 시대의 전형적인 양식을 기본으로 하는 석탑들이 건립되는 한편, 이와 형태를 달리하는 '이형적(異型的)인 석탑'이 출현하였다. 이형석탑이란 석탑의 건조 양식이 전형적인 양식인 방형 다층탑에서 벗어나 외관상으로 특이한 형태를 보이는 탑을 말한다. 대표작은 바로 불국사 다보탑으로 8세기의 일반형 석탑의 완성과 함께 동시에 나타나 그 문화의 완성도를 보여주고 있다. 이러한 특수형 석탑은 갑자기 발생한 양식이 아니라 8세기 중엽 통일 신라 전성기에 유행한 수식적 의장이 석탑에까지 미쳐 이형양식(異型樣式)을 만들어 내게 되었다고 보아야 할 것이다.

가. 이형석탑의 종류

이형 석탑은 다음과 같은 몇 가지 형태로 분류하여 볼 수 있다.

첫째, 석탑의 건조 방법이나 각

정혜사지 십삼층석탑

경주 남산리 동삼층석탑

경주 남산리 서삼층석탑

부재의 결구 방식이 전형적인 양식에서 완전히 벗어나 외관상으로 특이한 형태를 보이는 석탑이다. 이러한 유형에 속하는 석탑은 대체로 8세기 중엽부터 그 뒤에 나타난 것으로서 불국사 다보탑과 정혜사지 십삼층석탑 등을 들 수 있다.

화엄사 서 오층석탑

화엄사 사사자 삼층석탑

둘째, 장식적인 석탑이다. 겉모습은 신라의 전형 양식인 방형 중층의 기본형을 갖추고 있으나 기단 및 탑신부의 각 면에 천인상·안상·팔부신중상·십이지신상·사방불·보살상·인왕상 등 여러 상을 조각하여 표면장식이 화려하며 장중한 석탑이다. 여기에 속하는 석탑으로는 원원사지 동서삼층석탑을 비롯하여, 화엄사 서오층석탑(보물 제133호)·경주 남산리 서삼층석탑(보물 제124호)·실상사 백장암 삼층석탑(국보 제10호)·진전사지 삼층석탑(국보 제122호)·선림원지 삼층석탑(보물 제444호) 등을 들 수 있다.

셋째, 탑신부는 방형 중층의 전형을 보이고 있으나 기단부는 전혀 다른 형식을 취하는 것이다. 도피안사 삼층석탑(到彼岸寺三層石塔, 보물 제223호)의 경우 탑신부는 방형 평면이나 기단부에서 8각형의 평면을 이루어 하층 기단 면석에 안상이 조각되고, 상층기단 상하갑석에 앙련(仰蓮)과 복련(覆蓮)을 조각하여 마치 불상 대좌와 같은 형태를 이루고 있다. 그리고 석굴암 삼층석탑은 탑신부는 방형 중층으로 전형적인 일반형 석탑의 탑신을 이루고 있으나 기단부에서는 전혀 이형적인 구성을 보이고 있다. 즉, 상하 2층의 기단이나 평면은 면석과 갑석이 같지 않고 면석은 8각형으로서 각 모서리에 우주가 각출되었고 갑석은 원형을 이루고 있는데, 이러한 형식은 석굴암 본존불의 대좌에서 본뜬 것이 아닌가 생각된다.

봉감동 오층 모전석탑

넷째, 모전석탑으로 건조 재료는

석재이나 그 형태가 전탑의 양식을 갖추고 있어 각 부재의 축조 및 결구 방법이 특이하다. 또, 모전석으로 건조한 것은 아니나 외형으로 보아 모전석탑의 형태와 비슷한 모전석탑류 이형 형식에 속한다.

다섯째, 청석탑류로서 해인사 원당암 다층석탑(보물 제518호)은 가장 오래된 청석탑으로 주목된다. 이 탑은 건조 석재가 점판암이라는 특수한 용재이기 때문에 화강암으로 만든 일반형 석탑과는 구별된다. 청석은 그 자체가 크지 못하므로 모두 소규모의 탑뿐인데, 석질이 약해서 각 부재가 파손 혹은 결실되고 있어 완전한 형태는 거의 없다. 그리고 이 탑에서 기단부는 모두 화강암으로 형성되고 탑신부 이상만이 점판암으로 되어 있는데 이것도 석재가 모자라기 때문인 것으로 생각된다.

나. 탑의 표면 장식

석탑형식이 목탑에서 유래되었다고는 하나 번안하는 과정에서 간략화되어 현존 최고의 예인 미륵사지 석탑이나 정림사지 석탑에서는 목조가구의 수법을 남길 뿐 장엄은 나타나지 않는다. 신라의 경우 분황사 모전석탑에 인왕상이 조각된 예가 있으나 삼국통일 직후 건립된(682년) 감은사지 석탑에도 장엄은 없다.

석탑의 표면에 조각이 나타나는 것은 고선사지 석탑에서 비롯된다. 초층탑신 4면에 문비형(門扉形)이 조각되어 있다. 이 형식이 목탑형식에서 유래된 것임은 분명하다. 고선사지 이후 탑신의 1면 혹은 4면에 문비를 모각하거나 또는 그 좌우에 인왕상을 배열한 석탑이 다수 건립된다.

그러나 석탑의 표면장식이 유행하는 것은 8세기 후반부터이며, 표면장식으로는 문비형, 인왕상, 사천왕상, 보살상, 팔부중, 십이지신상, 안상이 있다. 시대가 내려올수록 기단부 뿐만 아니라 1층 탑신 4면에도 장식하며, 고려시대가 되면 장식성이 더욱 농후해진다.

표면장엄을 보면 부처상은 탑신부에만 새긴다. 이는 탑신의 4면에 불상을 새겨 사방불을 표현한 것이지만 부처의 존엄성을 고려한 것으로 본다. 이 경우도 보살과 인왕상은 문비 좌우에 배치하여 불문을 수호하는 형태로, 사천왕은 사방에서 호위하는 형태로 새겼다. 부처나 보살을 수호하는 임무를 맡은 신중들은 주로 기단부에 새겼다. 상·하층 기단의 탱주 수에 따라 팔부중상은 예외없이 상층기단에 탱주를 사이에 두고 각 면에 2구씩 조각하였다. 생겨난 작은 면이 8개면일 때는 팔부중상을 12개면일 때는 12지신상을 배치하였다. 십이지신상은 폭

사천왕

팔부중

안상(팔부중)

팔부중

이 넓은 하층기단에 배치하였다.

문비(門扉)는 탑이나 부도에 장식한 예가 많으며, 문비만 표현된 경우와 문비 좌우에 인왕상, 보살상을 배치하는 형태가 있다. 안상(眼象)의 경우 석탑에서는 하층과 상층 기단부, 탑신에까지 조각되고 그 안에 각종의 상까지 첨가되어 장식성이 강하게 나타난다. 안상의 형식에는 시대적인 특징이 나타남으로 제작연도를 추정하는 근거가 된다. 이외에도 비천상. 주악상(악기를 연주하는 모습), 사자상 , 용을 조각하거나 하며, 고려시대에는 탑의 일부분에 당초문, 초화문을 장식하는 예도 나타난다.

문비형

문비인왕상

비천상

주악상

3) 고려와 조선시대의 석탑

가. 고려

후삼국을 통일한 고려는 국시를 불교로 채택한 만큼, 국가적인 차원에서 탑이 건립되었다. 또한 지방호족들이 지방에서 그들의 세력을 기반으로 불사를 건립하고 조탑 사업을 활발하게 일으켰다. 여기에 민중들도 대거 참여하는 경향을 나타내어 불교는 대중속에 더욱 깊이 침투하게 되었다.

고려의 탑 건축은 한마디로 국가의 호국불교적인 입장과 순수 지방 세력의 조탑사업, 풍수도참사상의 유행, 지방민의 불교적 결속을 공고히 해 주던 구래의 향도조직에 의해 이룩되었다고 할 수 있다. 이러한 탑건축은 중앙집권에서 벗어나 지방에 파급되고 토착화되어 그들 나름대로의 특색을 나타나게 되었다.

왕궁리 오층석탑

개심사지 오층석탑

고려 시대의 석탑은 그 조형 양식상에 다양한 변화를 보이고 있다. 신라의 고도인 경주를 중심으로 볼 때 어느 정도 신라 석탑계를 충실하게 계승하면서 세부에 있어 변형을 보이고 있다. 점차 고려 사회의 새로운 성격이 두드러지기 시작하는 10세기 후반부터는 양식상 통일 신라시대에 비하여 현저한 변화를 보인다.

고려석탑의 새로운 양상으로서 지방적인 특색이 현저해진 점을 지적할 수 있다. 고려 시대의 탑파는 크게 네 유형으로 나눌 수 있다.

첫째, 개경을 중심으로 한 지역과 그 북부 지역은 일반형의 방형 중층탑의 조성이 활발하였다. 대표적인 탑으로는 남계원 칠층석탑을 들 수 있다.

둘째, 백제 양식계 석탑으로 백제의 고토인 충청남도와 전라북도 지

경천사지 10층석탑

월정사 팔각구층석탑

역에서는 백제시대 석탑의 양식을 따르고 있는 예가 많다. 무량사 오층석탑, 왕궁리 오층석탑이 그 대표적인 탑이다. 백제계의 석탑은 특히 옥개석의 구성에서 백제 양식을 본받고 있다. 즉 옥개석 양식이 모두 판석형의 낙수면석이고, 대개의 경우 그 밑의 받침부가 별석으로 조성된 목조가구의 일면을 보이고 있는 점 등이 미륵사지 석탑과 부여 정림사지 오층석탑의 각 부를 모방하고 있어 '백제계의 고려 석탑'이라는 용어를 사용하게 되었다.

금산사 육각다층석탑

셋째, 옛 신라지역 탑이다. 영남 지방에서 주로 조성된 이 양식은 신라의 석탑 양식을 계승하여 세부적인 변형을 보이는데, 대표적인 탑으로는 예천 개심사지 오층석탑과 정도사지 오층석탑이 있다.

넷째, 이형 탑파가 조성되었다. 고려 시대의 석탑에서는 신라 시대에 볼 수 없었던 각양각색의 새로운 특수형식의 탑이 나타나고 있다. 신라시대의 이형 석탑의 양식을 계승한 예도 있지만 고려 시대에 방형에서 다각형으로, 그리고 다층으로 변하고 있다. 그런데 이러한 석탑 중에서 팔각형의 석탑은 나름대로 하나의 유형으로 볼 수 있다. 석탑의 재료도 점판암이라는 희소한 석재로 만든 청석탑이 일부 남아 있고, 원 지배기에 원에서 도입된 라마풍의 석탑이 조성되기도 하였는데, 경천사지 10층석탑과 월정사 팔각 구층석탑이 그 대표적인 탑으로

꼽힐 수 있겠다.

즉, 고려 시대 석탑은 지방적 특색이 출현하였으며, 평면 구도가 방형에서 다각형으로 다양화되고, 통일신라의 이형탑이 일반화하였으며, 재료상에도 화강암 뿐만 아니라 인산암 전판암 등 다양화된 양상을 나타낸다. 이는 선종의 발달로 고려 불교가 폭넓게 전개되어 나가는 종교적인 여건과 문화의 추진세력의 지면이 확대된 사회적 제 여건이 반영된 것으로 생각된다.

나. 조선시대

조선시대에는 당시의 시대적인 상황과 함께, 불교에서의 예배대상도 불상이 안치된 불당중심으로 변한 탓인지는 모르겠으나, 탑파의 건립을 거의 볼 수 없을 정도로 조탑 활동이 쇠퇴하였다. 양식에는 일률성이 사라지고 임진왜란 이후에는 석탑의 해체, 수리 정도에 그치고 말았다. 이 시기의 일반적 석탑(방형 중층)으로는 함양 벽송사 삼층석탑(1520년, 신라전형양식 계승), 양양 낙산사 칠층석탑(15세기 중엽), 여주 신륵사 다층석탑(1472년) 등이 세워졌다. 낙산사 칠층 석탑은 라마탑을 닮은 청동제 상륜이 있는 것이 특색이며, 신륵사 다층석탑은 대리석으로 된 2층 기단의 방형탑으로 상층기단 중석의 화문우주와 면석의 운용문은 주목된다. 이형 석탑의 대표적인 작품인 원각사지 10층석탑(1467년, 경천사탑 모방), 여주 수종사 팔각 오층석탑(1493년)을 들 수 있다.

그리고 조선후기의 것으로 법주사 팔상전(1605년)과 쌍봉사 대웅전(17세기)이 남아있는데, 목탑양식의 예를 보여주는 중요한 건물이다.

법주사 팔상전

〉〉 쉬어가기 〈〈

탑의 층수

우리나라의 불탑을 찾아보면 대부분 3.5.7.9... 등의 홀수로만 이루어져 있다. 이렇듯 탑을 홀수의 층수로만 조성한 배경은 무엇일까. 결론적으로 탑의 층수는 불교 교리나 사상에 바탕을 둔 것이라기보다 우리나라를 비롯한 고대 동양의 우주관이나 음양오행사상에 뿌리를 두고 있다. 고대 우리나라 사람들의 의식을 지배한 신앙의 주류는 천인합일사상과 음양오행사상이었다. 그 사상 체계는 하늘과 사람의 상호 감응하는 이치를 통하여 하늘의 뜻을 인간사에 적응시키는 것이었다.

그 예를 보면 3은 하늘·땅·사람 삼재를 뜻하며, 5의 수는 오행, 7의 수는 칠성을 상징한다. 특히 3은 1(하늘, 양)과 2(땅, 음)을 합하여 만들어진 변화수이지만 스스로에 의해서만 나누어지는 성수(聖數)이다. 하늘과 땅의 결합에 의한 사람을 상징한다. 따라서 완성, 안정, 조화, 변화를 상징한다. 또 3이 겹쳐진 33은 가장 완벽한 수를 상징한다(불교의 33천, 민족대표 33인, 조선시대 문과합격자 수). 우리 민족과 관련된 설화에는 3이 많이 나타난다.

5는 다섯가지 원소(오행)을 상징하며, '모든 것을 갖춘 수'이다. 방위에서 동서남북에 중앙을 보탬으로써 5행이 갖추어지고, 인의예지신의 5상, 간장·심장·비장·폐장·신장의 5장, 궁상각치우 5음이 모두 여기서 파생된 것이다.

우주의 원리에 응하는 도상화된 수를 생활 속에 적용한 예는 건축물의 구조속에서도 찾을 수 있다. 사찰 건물은 아니지만 경복궁 광화문이나 근정문에서 궁궐 전각의 칸수를 3. 5. 7...의 홀수로 하거나 대문을 삼문 형식으로 조성한 것은 삼재와 오행 등을 바탕으로 한 길상관의 반영이라 볼 수 있다.

Ⅳ. 기타

1. 부도(浮屠)

절을 찾아가 보면 대부분의 사람들이 그냥 스쳐가는 입구의 한편 혹은 호젓한 곳에 자리 잡고 있는 부도를 볼 수 있다. 부도는 부도(浮圖), 부두(浮頭), 포도(蒲圖), 불도(佛圖)등 여러 가지로 표기하기로 한다. 부처와 같이 범어의 Buhdda를 번역한 것이라 하기도 하고, 또는 스투파(Stupa) 곧 탑파의 전음으로 보기도 한다.

그러나 일반적으로 부도라 하면 승려의 사리나 유골을 안치한 묘탑을 가리킨다. 승려들의 묘탑인 부도는 일찍부터 건립되었겠지만 우리나라의 경우에는 9세기 경 중국 당나라로부터 들어 온 선종이 크게 세력을 떨칠 때부터 부도가 조성되기 시작했다.

부도는 대부분 화강암 석재로 건조되었는데 기단부에는 십이지신상, 팔부중상, 운룡문, 앙련, 복련 등의 장식이 조각되고, 지붕돌에는 기왓골, 낙수면, 귀꽃 등이 장엄되어 있어 건축물인 동시에 조각품이기도 하다. 특히 불교가 번성했던 신라와 고려시대에 건립된 부도는 장식 문양이 풍부하고 화려하며 조각 솜씨 또한 뛰어나다. 또 탑비와 함께 건립되는 경우가 많아 승려들의 행적이나 절의 기록, 당시 사회상 등도 알 수 있어 중요하다.

고려시대에 이르러 부도는 더욱 발전하며 변화한다. 부도의 부재가 8각에서 원형으로 변하며, 고려 후기가 되면 기단부가 변하면서 방형의 넓은 기단에 종형이 나타난다. 또 탑신이 8각이 아닌 타원형, 구형(공), 방형(사각)의 경우도 나타난다.

조선시대에도 부도는 끊이지 않고 조성되었다. 조선초기에는 대부분 고려시대의 수법을 그대로 고수하면서도 탑신이 구형으로 또는 기단의 평면이 8각이지만 아무런 장식없이 수직으로 처리되고 있다. 그러나 조선 후기에 이르면 석종형 부도가 대량으로 조성되고, 부도에 따르는 탑비가 점차 생략되면서 명문을 부도 자체에 조각하는 경우도 생겨나게 되었다.

부도를 형태별로 분류하면 아래와 같다.

금산사 방등계단

팔각원당형부도

우리나라 부도의 전형으로 그 성립은 9세기 후반으로 본다. 팔각형을 기본으로 하여 하대석, 중대석, 상대석 등의 기단부는 물론이고 그 위에 놓이는 탑신 괴임대, 탑신부, 옥개석, 상륜부까지 모두 8각으로 조성되어 층층이 쌓인 것으로 전체적인 평면이 8각 형태를 이루고 있는

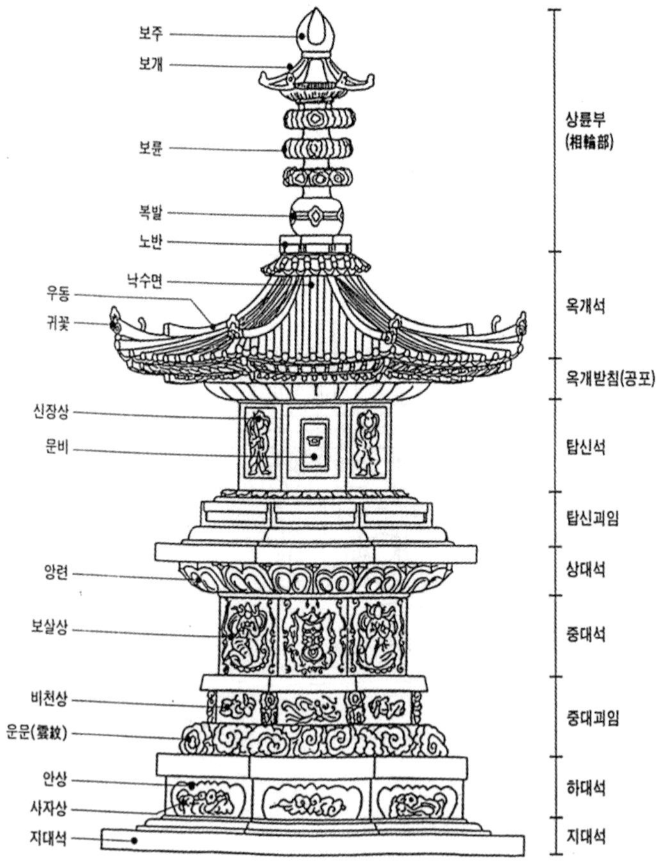

팔각원당형

부도를 통틀어 팔각원당형(八角圓堂型) 부도라 한다. 우리나라에서 건립연대가 확실한 가장 오래 된 부도인 염거화상탑이 그 시원이며, 우리나라 석조부도 양식의 계통을 세운 부도이다. 염거화상탑 이후 신라시대 건립된 석조 부도는 모두 이러한 형태를 기본으로 삼고 있다.

부도의 특징은 전체적으로 보아 목조 8각당을 그대로 석조물에 옮긴 것과 같은 형식이다. 기단부와 탑신부에는 여러 가지 상들이 화려하게 조각되어 있다. 2단으로 구성된 하대석에는 사자가 조각되었고, 중대석에도 안상 안에 조각장식이 가득하다. 상대석은 꽃잎 안에 장식이 있는 단판 앙련이 둘러졌고, 8각 탑신의 앞 뒷면에 문비형(문짝)을 표시하고 그 좌우에는 사천왕상과 비천상을 조각하였다. 그리고 옥개석의 아래면에 서까래를 표시하고, 윗면에는 기와골을 나타냈으며 특

실상사 수철화상 능가보월탑

히 막새기와 형태도 조각하고 있다.

팔각원당형의 양식이 10세기에 들면 각부에서 많은 변화를 보이고 있다. 기단부에서 하대의 사자상이 전혀 없고, 안상도 얕게 조각되어서 형식화되고 있다. 그리고 중대석 괴임대도 간략화되어 괴임단 형식이고 특히 중대석은 8각에서 원형으로 변한다. 탑신부에도 탑신 괴임대석이 없어졌으며 문비형과 사천왕상이 배치되지 않는다. 옥개석도 윗면이 기와골이 없어지고 아래면의 서까래도 조각되지 않는다. 즉 8각원당형의 기본양식은 지키고 있지만 장식이 사라지고 간략하게 변하고 있다.

갑사 부도

석종형 부도

석종형부도 :

부도의 형태가 종(鐘)의 모습과 비슷한 데서 생긴 이름이다. 부도의 구성은 장방형 대석과 그 중앙에 안치된 종형 탑신부가 각 1석으로 아주 간단하다. 석종형 부도의 원류는 인도의 스투파(복발형 탑파)에 있으며 주로 고려 말기 이후 조선왕조 전시대를 통하여 가장 많이 세워졌다. 그러나 신라 하대와 고려 초기에도 건조된 예가 남아 있어 그 시원은 통일신라 하대인 9세기 무렵으로 추정된다. 울산 태화사지의 12지상부도(十二支像浮屠)가 그 시원이다.

특수형부도 :

영국사 부도

신라시대에 정립되어 계승되던 팔각 원당형의 형식을 떠난 전혀 특이한 양식의 부도탑으로, 고려 초기인 11세기 이후에 나타나기 시작한다. 난형부도는 8각의 기단석 위에 계란이나 공처럼 생긴 탑신석과 옥개석을 쌓고 그 위에 앙련(仰蓮)과 연봉오리를 올려놓은 비교적 간결한 형식을 갖추고 있다. 이것을 기하학적인 형태로 단순화시켜 보면, 기단은 사각형(때로 팔각형), 탑신은 원구, 옥개석은 삼각형, 그 위의 앙련은 반원형, 그리고 꼭대기에 올려놓은 연봉오리는 보주형이 된다. 오륜탑의 형태이다. 또 팔각의 틀에서 완전히 벗어나 방형의 평면을 보이는 법천사 지광국사현묘탑 등을 들 수 있다.

부도밭

부도 밭

2. 석등

부석사 석등

등불을 밝히기 위해 돌로 만든 등기구. 주로 법당이나 탑 앞에 설치하여 부처님의 광명을 상징하는 뜻에서 광명등이라 부르기도 한다. 석등을 제작한 의도가 등불 공양의 의미를 가지고 있으나, 석등의 불빛 자체는 부처님이 발하는 지혜 광명을 상징한다. 시대적으로 보면 삼국시대부터 조선시대까지 조성되면서 신라시대에 많이 제작된 8각형, 고려시대에 일시 유행하였던 6각형, 고려 전기부터 근세까지 유행한 방형 등이 많있다. 석등은 주로 법당과 탑사이에 두었으며, 부도 앞에 둔 경우도 있다.

석등의 기본형은 하대석·중대석(또는 竿柱石)·상대석을 기대로 삼고, 그 위에 등불을 직접 넣는 화사석(火舍石)과 옥개석을 얹으며, 정상부를 보주 등으로 장식하는 형식이다. 이러한 형태는 시대와 지방에 따라 변화를 보이기도 한다.

화엄사 석등

석등에서 가장 중요한 부분이 바로 화사석이다. 직접 등불을 켜는 화사석은 8각, 4각이 대종을 이루고 있으며, 4

개 또는 여덟개의 화창(火窓)을 가지고 있는 것이 일반적이다. 시대가 내려오면서 화사벽에 장식 및 조각이 배치되거나 여덟면에 모두 화창이 만들어지기도 한다.

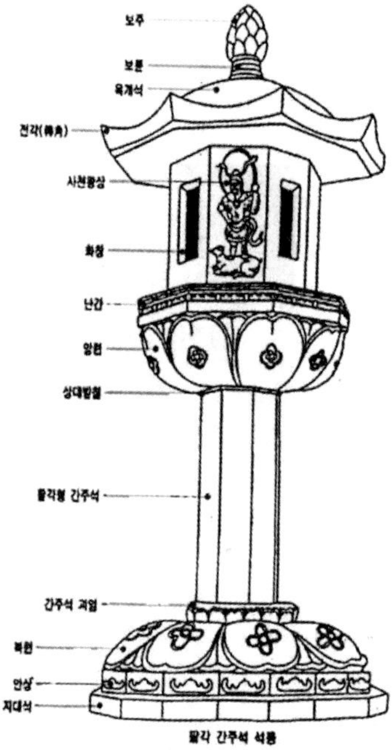

팔각간주석 석등

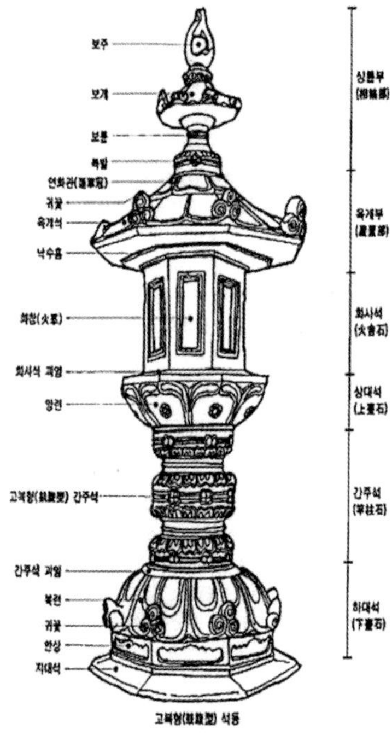

고복형 석등

석등에도 이형양식이 나타난다. 이형양식은 전형 양식에서 크게 벗어나지 않으면서 대좌부나 간주석 부분에 새로운 변화를 준 형태로서 조형미와 예술성을 극대화 한 양식이다. 마치 장고를 엎어 놓은 듯한 고복형 석등의 경우는 기본 평면 구도가 모두 팔각을 유지하고 있는 점으로 보아 팔각형석등의 양식계열에 속한다고 할 수 있다. 그러나 중대석(간주석) 부분은 종래의 단순한 팔각형에서 벗어나 많은 변형을 이루었고, 이 부분의 모습이 북처럼 보여서 고복형이라는 이름을 갖게 되었다. 청량사 사천왕상석등, 개선사지 석등, 화엄사 각황전앞 석등, 실상사 석등 등을 들 수 있다.

실상사 석등

화엄사 석등

우리나라 석등의 품위와 예술성을 한층 높여 주고 있는 것이 쌍사자 석등이다. 쌍사자형 석등으로는 법주사 쌍사자석등과 영암사지 석등, 옥룡사지 석등 등이 있다. 이 밖에도 화엄사 4사자석탑 앞의 석등과 금장암 석등 등은 인물상 석등이다. 또한 전형 양식이 변화된 양식인 부등변 팔각 석등과 부도의 모습에서 응용된 팔각 원당형 석등 등을 이형 양식의 석등으로 들 수 있다.

방형양식은 전형 양식과는 전혀 다른 양식으로 평면이 사각인 석등이다. 이 양식도 화사석의 모양은 기본적으로 사각을 취하고 있으면서 전부재가 사각을 이룬 방형계 전형양식을 비롯하여 이형주 양식인 고복형 사각석등, 원주형 사각석등, 팔각간주 석등, 쌍사자석등, 단사자 석등, 귀부 사각석등 등으로 분류되고 있다. 방형계 전형양식으로는 충북 중원군 미륵사지 석등이 있으며, 방형계 이형 고복형 석등으로 현화사지 석등을, 원주형 사각석등은 논산 관촉사 석등에서 찾아볼 수 있다.

고달사지 쌍사자석등(국립중앙박물관)

보은 법주사 쌍자사석등

흥국사 석등

미륵사지 석등

3. 범종

범종은 의식작법의(儀式作法儀) 용구로서 사물의 하나이다. 사물이란 범종·목어·운편·대고(북) 등을 가리키는 것으로 종각에 매어달고 아침 저녁 예불의식 때 이를 치며 의식을 행한다.

범종은 불교적인 금속공예품 가운데 으뜸을 차지하는 특수한 종류이다. 여러 불교국가에서는 예로부터 크고 작은 종들이 숱하게 조성되어왔는데, 한국의 범종은 학명으로까지 '한국종'이라고 불릴 만큼 독자적인 양식을 지니고 있다. 특히 신라종의 우수성은 국내외에서 독보적인 위치를 차지하고 있다.

현재까지 국내에서 가장 오래된 범종으로 밝혀진 것은 오대산의 상

상원사 동종

원사 동종이다. 그 명문(銘文)에 따르면, 통일신라 기에 해당하는 725년(성덕왕 24)에 제작된 것으로 한국종의 전형적인 양식을 잘 나타내고 있다. 높이 167 cm의 이 범종은 원래 경북 안동의 문루(門樓)에 걸려 있다가 조선 초기에 현재의 위치로 옮겨진 것이다.

또한 성덕대왕신종은 현존하는 고대의 종으로 최대의 것인데, 높이가 364 cm에 달한다. 명문에 구리 12만 근이 소요되었다고 명기되어 있는 큰 종으로서 신라 경덕왕이 부왕(父王) 성덕왕을 위하여 만든 것이며, 혜공왕때인 771년에 이르러 완성되었다.

한국종의 특징

무엇보다 우아하고 안정된 외형을 지니고 있다는 점이며 그 소리도 매우 은은하고 맑다. 구체적인 예로는 종정부의 단두룡과 원통(圓筒)

성덕대왕신종

을 들 수 있다. 중국이나 일본의 범종양식이 쌍두룡임에 비해 한국의 경우는 한 마리의 용이 생동감 있는 자세로 허리를 구부리고 조각되어 있다. 이는 종을 매달기 위한 고리의 역할을 한다. 더욱 특이한 것은 대나무 형태의 원통이다. 이것은 신라종에서 확립된 독특한 양식으로서, 종의 정상부에 음통이 있는 경우는 중국이나 일본은 물론 세계 어느 나라에서도 찾아보기 어렵다. 음통은 대나무 마디와 비슷한 몇 개의 단으로 구획되어 있고, 각 단마다 화려한 앙련과 복련이 장식되어 있다. 종전까지 이 음통은 종소리를 공명시켜 더 크고 우렁차게 하는 기능을 가진다고 하였다. 그러나 최근 학계에서는 통일신라의 '만파

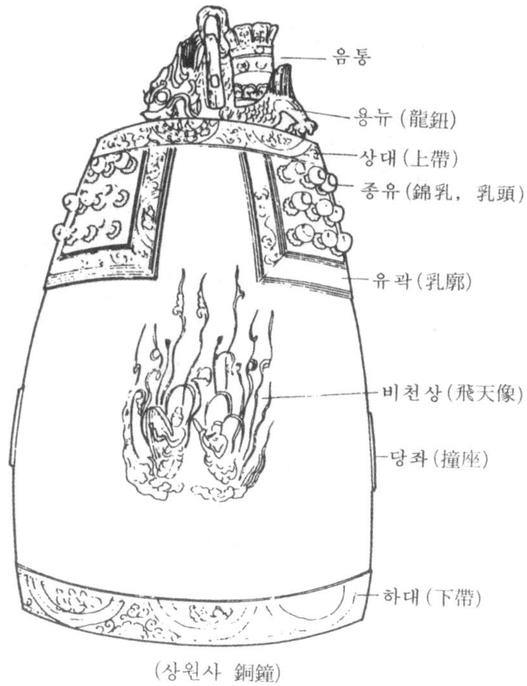

종의 세부명칭(『한국의 불교미술』 부록)

식적’ 설화와 연관하여 신라의 국보였던 신적의 형태를 형상화한 것으로 강력한 왕권을 상징하는 것으로 보고 있다. 종 상・하의 종견(鐘肩)과 종구(鐘口)에는 당초 무늬나 보상화 무늬의 섬세한 무늬대가 형성되어 있고, 종견의 무늬대에는 네 곳에 대칭으로 네모꼴의 유곽(乳廓; 젖꼭지 모양의 돌기가 나란히 붙어 있는 구역)이 있으며, 유곽 안에는 9개씩 모두 36개의 유가 있다. 종의 몸부분에는 종을 치기 위한 당좌가 구획되어 있고 특히 비천상이 부조되어 있다. 이것은 신라종의 우수성을 더욱 돋보이게 하는 한 요소이다.

고려 전기에는 신라 범종의 형태를 그대로 답습하고 있으나 후기가 되면 형태가 왜소해지고 종신에 비해 종구를 갖추는 형태로 변한다. 고려 전기까지는 종신의 중간에 비천상을 배치하였으나 고려 후기부터는 보살상으로 바뀐다.

신라 종에 비천상을 배치한 것은 화엄사상에 근거한 환희의 세계를 나타내고 있음에 반하여 고려시대 범종에서는 중생이 지옥에서 벗어날 수 있도록 서원한 보살상을 배치하였다고 볼 수 있다. 이같은 범종 양식의 변화는 불교신앙형태의 추이를 나타내는 것이라고 하겠다.

신라 시대 이래의 한국 종의 기본형태와 양식이 고려 말기인 14세기 중엽부터는 점차 사라지고 서서히 중국종의 형태와 양식을 받아들이는 것으로 변모되어 이것이 후에 조선시대에서 다량으로 만든 범종의 양식이 되고 만다.

한편 종의 의미는 타종함으로써 지옥중생을 구제하게 된다는 데 있다. 오늘날 사찰에서 새벽종은 28번을 치고 저녁종은 33번을 친다. 33번 치는 의미는 불교의 우주관에서 말하는 33천까지 종소리가 미치도록 한다는 뜻이다.

아침 종을 28번 친다고 하는 것은 천상계의 제 성좌 중 28수의 의미를 따서 이 종소리가 이 지구상에서 뿐만 아니라 모든 천상계의 우주세계까지 들리게 한다는 의미를 지닌다. 또 불교의 세계관에 의하면 28천의 중생을 제도한다는 뜻이 있다. 이상에서 보면 28번, 33번의 타종 형식은 멀리 구석구석까지 종소리가 들리게 하며 모든 중생을 구제하겠다는 뜻을 지닌다.

〉〉 쉬어가기 〈〈

종뉴의 용은 포뢰(蒲牢)라는 이름을 가진 용으로 생각되는데, 포뢰는 용생구자설(龍生九子說)에서 나오는 용을 가리킨다. 고대 중국에서 전해오는 용생구자설에 의하면 포뢰는 용이 낳은 아홉 용 가운데 하나로서, 동해 바다의 고래를 가장 무서워한다고 한다. 그래서 옛 사람들은 포뢰를 종위에 올려놓고, 그가 가장 무서워하는 고래 형상의 당(鯨撞)으로 종을 쳤다. 경당으로 종을 치면 고래를 만난 포뢰가 놀라 큰 소리를 지르고 그와 함께 종소리도 커진다고 믿었던 것이다.

당시에 성덕대왕신종을 쳤던 당이 고래 모양이었는지는 확실히 알 수는 없으나, 『삼국유사』의 "아래로 자금종(紫金鐘) 셋을 벌여 놓았는데, 모두 종각이 있고 포뢰(蒲牢)가 있으며 경어(鯨魚)로 당을 삼았다"는 기록(탑상 제4, 사불산. 굴불산. 만불산 조)을 보면 그렇게 했을 가능성이 높다.

〈불교와 용〉

용은 부처님의 설법을 듣는 청중이기도 하면서 한편으로는 부처님과 불국토를 외호하는 수호신이기도 하다. 용은 사찰 경내 도처에서 불국 도량을 수호하는 임무를 맡고 있는데, 사찰 초입의 돌다리 밑에 숨은 듯이 거꾸로 매달려 있는 용이 그 중 하나다. 산지 사찰 경우에는 대개 절 입구에 계곡이 있고, 그 위를 건너지르는 극락교, 승선교, 능허교 등의 이름을 가진 돌다리가 놓여 있다. 승주 선암사 승선교(乘仙橋)를 보면 다리 밑 천장에 용두를 거꾸로 매달아 놓았다. 계류를 통해 침입해 올지도 모를 사악한 무리를 막으려는 의미이다.

불국 세계와 부처님을 수호하는 용은 법당 안에도 있다. 법당 내의 닫집이나 대들보, 천장 등에 장식되어 있는 용도 같은 기능을 하고 있는 용이다. 닫집의 용은 대개 조각품으로 되어 있으며, 천장이나 대들보, 기둥 등의 용은 그림으로 표현되어 있다. 법당은 부처님이 계시는 장소이자 설법이 이루어지는 장소이다. 이 곳에 있는 용들은 부처님이 임하고 계시는 법당을 지키고, 부처님이 설하신 불법을 수호하는 역할을 하고 있는 것이다.

참고문헌

강우방(1995), 『한국불교조각의 흐름』, 대원사

고유섭(1975), 『한국탑파의 연구』, 동화출판공사

고익진(1987), 『한국의 불교사상』, 동국대학교출판부

국사편찬위원회편(1998),『한국사』8, 21, 탐구당

김규호 외(1998), 『경주문화의 이해』, 중문

김두진(1983), 『균여화엄사상 연구』, 일조각

김리나(1989), 『한국 고대 불교조각사 연구』, 일조각

김만희(1983), 『한국의 십이지신상』, 상미사

김봉렬2002), 『가보고 싶은 곳 머물고 싶은 곳』, 안그릭피스

김영재(2001), 『불교미술을 보는 눈』, 사계절

김영태(1997), 『한국불교사』, 경서원

김원룡(1993),『한국미술사』, 서울대학교 출판부

김원룡.안휘준(1997),『신판 한국미술사』, 서울대학교출판부

김정희(1994),『신장상』, 대원사

김환대 김성태(2008), 『한국의 탑』, 한국학술정보

김환대(2008), 『한국석탑 장엄조식』, 한국학술정보

김환대(2008), 『사찰속의 문화재 길라잡이』, 한국학술정보

김환대(2009), 『한국의 불상』, 이담

김현준(1998), 『사찰 그속에 깃든 의미』, 효림

김희강(1980), 『탑』 한국의 미술 2, 열화당

박경식(1994), 『통일신라 석조미술 연구』, 학연문화사

박경식(1999), 『우리나라의 석탑』, 역민사

박도화(1990),『보살상』, 대원사
박홍국 (2000),『한국의 전탑연구』, 학연문화사
백유선(2004),『우리불교 문화유산 읽기』, 두리미디어
변태섭 (2009),『한국사통론』,삼영사
목정배(1995),『한국 문화와 불교』, 불교시대사
문명대(1997),『한국불교미술사』 1. 2, 한언
문명대(1998),『한국불교미술의 형식』, 한언
신영훈(1989),『사원건축』, 대원사
신영훈(1994),『절로 가는 마음』, 책만드는 집
신영훈(1995),『절로 가는 마음』 2, 책만드는 집
이기백(1978),『신라시대의 국가불교와 유교』, 한국연구원
임혜봉(1994),『한권으로 보는 불교사 100장면』, 가람기획
장충식(1983),『한국의 불상』, 동국대학교경역원
장충식(1987),『신라석탑연구』, 일지사
장충식(1989),『한국의 탑』, 일지사
장충식(1997),『한국의 불교미술』, 민족사
정동주(2003),『부처 통곡하다』, 이룸
정명호(2010),『석등』, 대원사
정병삼(2000),『그림으로보는 불교이야기』, 풀빛
정영호(1980),『석탑』.한국의 미 9, 중앙일보사
정영호(1989),『석탑』, 대원사
천득염(1998),『전탑』, 대원사
진홍섭(1983),『탑파』 국보 6, 예경문화사
진홍섭(1989),『불상』, 대원사

진홍섭(1993),『한국의 불상』, 일지사
진홍섭(1995),『한국의 석조미술』, 문예출판사
진홍섭(1998),『한국불교미술』, 문예출판사
채상식(1991),『고려후기 불교사 연구』, 일조각
천명일(2008),『절로가는 길』, 지혜의 나무
최성은(2003),『석불 돌에 새긴 정토의 꿈』, 한길아트
최완수(2002),『한국불상의 원류를 찾아서 1, 2, 3』, 대원사
한정갑(2001),『재미있는 사찰이야기』,도서출판 여래
허균(2000),『사찰장식 그 빛나는 상징의 세계』, 돌베개
허흥식(1986),『고려불교사연구』, 일조각
홍윤식(1988),『한국불교사의 연구』, 교문사
홍윤식(1997),『한국의 가람』, 민족사
홍윤식(1998),『한국의 불교미술』, 대원장사
황수영(1973),『한국불상의 연구』, 삼화출판사
황수영(1974),『불탑과 불상』, 세종대왕기념사업회
황수영(1989),『한국의 불상』, 문예출판사
황수영(1992),『반가사유상』, 대원사
황수영 정영호(1992),『한국불탑100선』, 한국정신문화연구원

찾아보기

(3)

32길상 ··· 98

(ㄱ)

가람 ··· 59
가람배치 ··· 70
가루라 ··· 132
가지산문 ··· 44
간달바 ··· 132
감산사석조 ··· 139
감은사지 동서삼층석탑 ··· 165
갑석 ··· 159
개심사지석탑 ··· 182
경주 남산 ··· 176
고복형 ··· 195
고복형 석등 ··· 194
고선사지 삼층석탑 ··· 165
공포양식 ··· 91
관음보살 ··· 122
관음신앙 ··· 36
관음전 ··· 73, 83
광목천 ··· 130
광목천왕 ··· 131
광배 ··· 103
교각상 ··· 107
구산선문 ··· 37
군의 ··· 108
극락전 ··· 73
극락정토 ··· 65
금강문 ··· 78
기단부 ··· 157
기단양식 ··· 94
기둥양식 ··· 93
긴나라 ··· 132

(ㄴ)

나라연금강 ··· 78, 129
나발 ··· 102
나한전 ··· 84
노반 ··· 160

(ㄷ)

다보탑 ··· 153, 174
다포 양식 ··· 91
단층기단 ··· 171
당간지주 ··· 75
대범천상 ··· 128
대승불교 ··· 17
대웅전 ··· 73
대적광전 ··· 73
대좌 ··· 104
대좌(臺座) ··· 99
도솔천 ··· 119
독성각 ··· 73

(ㅁ)

마후라가 ···· 132
만파식적 ···· 199
맞배지붕, ···· 89
면석 ···· 159
명부전 ···· 73, 84
모례 ···· 62
모전석탑 ···· 154
무량수전 ···· 81
문비형 ···· 177
문수보살상 ···· 126
미륵보살 ···· 118
미륵불 ···· 36
미륵사지 석탑 ···· 162
미륵상생경 ···· 122
미륵여래상 ···· 118
미륵전 ···· 73, 83
미륵하생경 ···· 122
밀교 ···· 18
밀적금강 ···· 78, 129

(ㅂ)

반가상 ···· 107
배흘림 기법 ···· 71
백련사 ···· 45
백의관음 ···· 123
백호 ···· 102
범종 ···· 197
법륜 ···· 96
법주사 팔상전 ···· 183
법흥왕 ···· 26
보개 ···· 160
보관 ···· 102
보륜 ···· 160
보리수 ···· 96
보주 ···· 161
보현보살 ···· 126
복발 ···· 160
복발형 ···· 150
부도 ···· 151
부연 ···· 159
부파불교 ···· 16
불교개혁운동 ···· 45
불국사 삼층석탑 ···· 165
불국토사상 ···· 27
불이문 ···· 66, 76
불족 ···· 96
비로자나불상 ···· 116
비로전 ···· 82
비사문천왕 ···· 131
비천상. 주악상 ···· 179
비하라 ···· 61

(ㅅ)

사모지붕 ···· 91
사방불 ···· 36
사성제 ···· 19
사원 ···· 59
사찰 ···· 59
사천왕 ···· 79
사천왕문 ···· 66
사천왕상 ···· 128
사판승 ···· 54
산신각 ···· 73
산악숭배 ···· 63
산지가람 ···· 70
삼도 ···· 102

삼보 ··· 59
삼성각 ··· 86
상륜부 ··· 157
상원사 동종 ··· 197
상현좌 ··· 105
생령좌 ··· 105
석가모니 ··· 13
석가모니불 ··· 36, 114
석종형 부도 ··· 187
석종형부도 ··· 190
석탑 ··· 156
선정인 ··· 109
선종 ··· 37
설법인 ··· 109
성덕대왕신종 ··· 198
성종 ··· 42
소수림왕 ··· 24
속장경 ··· 43
송림사 오층전탑 ··· 168
수미산 ··· 64
수선사 ··· 45
수연 ··· 161
스투파 ··· 151
승가라마 ··· 61
승가람마 ··· 59
승기지 ··· 108
시무외인 ··· 109
신앙결사운동 ··· 45
십일면 관음 ··· 123
쌍사자석등 ··· 196

(ㅇ)

아라마 ··· 61
아란야 ··· 61
아미타 불상 ··· 117
아미타구품인 ··· 109
아미타불 ··· 36
아미타신앙 ··· 36
아바사 ··· 61
아수라 ··· 132
앙화 ··· 160
약사신앙 ··· 36
약사여래 ··· 36
약사여래상 ··· 117
약사전 ··· 73
여원인 ··· 109
연화좌 ··· 104
염불 ··· 49
영락 ··· 103
영산전 ··· 83
옥개받침 ··· 159
옥개석 ··· 159
옹호신중각 ··· 73
왕궁리 5층석탑 ··· 182
왕즉불사상 ··· 20
용차 ··· 161
용화전 ··· 83
우견편단 ··· 108
우주 ··· 159
우진각지붕 ··· 90
원원사지 오층석탑 ··· 168
원통(圓筒) ··· 198
원통전 ··· 83
원통형 기둥 ··· 93
원효 ··· 35
유리광국토 ··· 65
유희좌상 ··· 107
육계 ··· 102

윤회설 …… 31
응진전 …… 84
의상 …… 35, 107
의천 …… 43
이차돈 …… 26
이판승 …… 54
익공 양식 …… 91
인과응보설 …… 31
일금당 쌍탑식가람 …… 70
일연 …… 44
일주문 …… 66, 77
일탑 일금당 …… 68
일탑 삼금당 …… 68

(ㅈ)

자씨전 …… 83
전각 …… 160
전륜성왕 …… 27
전법륜인 …… 110
전탑 …… 154
丁자형 지붕 …… 91
정림사지 오층석탑 …… 163
정토신앙 …… 46
정혜결사 …… 45
제석천 …… 128
조수좌 …… 105
종견(鐘肩) …… 200
종구(鐘口) …… 200
주심포 양식 …… 71, 91
증장천 …… 130
증장천왕 …… 131
지국천왕 …… 131
지권인 …… 109
지대석 …… 158
지장보살상 …… 125
지장신앙 …… 125
지장전 …… 84
진신사리 …… 151
진종설화(眞種說話) …… 27

(ㅊ)

천왕문 …… 77
천태종 …… 42
초석(주춧돌)양식 …… 95
총림 …… 61
칠성각 …… 73
침류왕 …… 24

(ㅌ)

탑신부 …… 157
탑신석 …… 159
탑의 표면 장식 …… 177
탑파 …… 151
탱주 …… 158
통견 …… 107
통인 …… 111
특수형 석탑(이형석탑) …… 174

(ㅍ)

팔각형석등 …… 194
팔상 …… 16
팔상전 …… 83
팔작지붕 …… 90
팔정도 …… 19
풍수도참사상 …… 180

(ㅎ)

항마촉지인 ······ 109
해탈문 ······ 76
화불 ······ 103
화사석 ······ 193
화엄사상 ······ 40
화엄전 ······ 73, 82
황룡사 ······ 26
흥륜사 ······ 26